FACULTE DE MÉDECINE DE PARIS

Année 1878

THÈSE

N° 319

POUR

LE DOCTORAT EN MÉDECINE

Présentée et soutenue le 26 juillet, à 1 heure.

PAR MARTIAL MORISSET,

Né à La Dorée (Mayenne), le 22 octobre 1851.

Ancien interne provisoire des hôpitaux de Paris,

Médaille de bronze de l'Assistance publique de Paris.

ÉTUDE

SUR LA

PRESSION INTRA-LABYRINTHIQUE

Président : M. BÉCLARD, *professeur*.

Juges : MM. BOUCHARDAT, *professeur*. DUVAL, LEGROUX, *agrégés*.

Le Candidat répondra aux questions qui lui seront faites sur les diverses parties de l'enseignement médical.

PARIS

A. PARENT, IMPRIMEUR DE LA FACULTÉ DE MÉDECINE DE PARIS.

31, RUE MONSIEUR-LE-PRINCE, 31.

1878

A M. TILLAUX

**Professeur agrégé à la Faculté de médecine de Paris,
Chirurgien de l'hôpital Beaujon.**

A M. GELLÉ

**Professeur d'otologie à l'École pratique de la Faculté de médecine
de Paris.**

A MES MAITRES DANS LES HOPITAUX

MM. DESNOS, BROCA, DÉSORMEAUX, BUCQUOY,
DE SAINT-GERMAIN, HAYEM, FERRAND.

A MON PRÉSIDENT DE THÈSE :

M. LE PROFESSEUR BÉCLARD

Professeur de physiologie à la Faculté de Paris,
Secrétaire perpétuel de l'Académie de médecine,
Membre du Conseil supérieur de l'Instruction publique.

ÉTUDE

SUR

LA PRESSION INTRA-LABYRINTHIQUE

INTRODUCTION.

Lorsqu'on analyse les nombreux travaux faits dans ces derniers temps sur les maladies de l'œil, on s'aperçoit que les ophthalmologistes français ou étrangers se sont occupés à différentes reprises de la tension intra-oculaire, afin d'élucider les causes et le mode de traitement des variations pathologiques qu'elle peut subir. L'importance de cette question, qui ne saurait être aujourd'hui révoquée en doute, nous explique le nombre considérable des théories sur le glaucome ou l'exagération de la tension intra-oculaire. L'étude clinique comparative des maladies de l'oreille et de l'œil, que nous avons eu occasion de faire pendant ces deux dernières années, nous a montré les nombreuses analogies de la pathologie auriculaire et oculaire, et nous a engagé à rechercher le rôle de la pression intra-labyrinthique, les modifications qu'elle peut présenter à l'état physiologique, et enfin, les conditions pathogéniques, les symptômes et le traitement de l'exagération de cette tension de l'oreille, qu'on nous permettra de désigner sous le nom de *glaucome auriculaire*, dénomination impropre au point de vue étymologique, mais qui exprime exactement toute notre pensée.

Il existe, en effet, pour les liquides de l'œil et de l'oreille interne une tension à laquelle on peut comparer les changements physiologiques ou pathologiques. Si on compare les organes de la vision et de l'ouïe, dans le développement et le fonctionnement normal ou anormal de leurs parties constituantes, on ne peut manquer de trouver une analogie entre la physiologie et la pathologie de ces appareils. Ils apparaissent simultanément, vers la troisième semaine, sous la forme de vésicules, qui constitueront ultérieurement les éléments de la rétine et des lames labyrinthiques, ces deux membranes destinées à recevoir des vibrations d'un ordre particulier. Bientôt, de nouvelles enveloppes entourent les parties fondamentales de ces deux organes des sens, afin d'en favoriser ou en atténuer les impressions.

De même que les paupières et l'iris refusent à la rétine l'accès des rayons lumineux lorsqu'ils sont trop éclatants, de même le pavillon et le tympan protégent contre les sons trop aigus les parties molles du labyrinthe.

Nous retrouvons la même analogie dans le fonctionnement des deux organes : au-devant de la rétine et du labyrinthe, nous voyons deux appareils : l'un dioptrique, qui réfracte les rayons lumineux pour mieux impressionner la rétine ; l'autre acoustique, qui rassemble les ondes sonores pour mieux ébranler les nerfs de l'audition.

Toutefois, nous dirons qu'on ne peut comparer le mode de réception des éléments auditifs et rétiniens. Tandis, en effet, dit M. Cadiat, que les fibres de l'organe de Corti vibrent à l'unisson avec les sons produits, c'est-à-dire que pour un son donné certaines fibres seulement se mettent en vibration, le même élément de la rétine, au contraire, peut percevoir toutes les couleurs du spectre.

La pathologie des deux appareils de la vision et de l'ouïe nous permet de saisir la similitude de leurs maladies. Il nous suffit de rappeler l'analogie des vices de conformation, du coloboma et du trichiasis du pavillon et des paupières; la coexistence des manifestations diathésiques, telles que les otites et conjonctivites catarrhales, scrofuleuses, herpétiques et syphilitiques ; les polypes et granulations du conduit auditif externe et de la conjonctive; ces kératites et ces myringites se terminant par perforation, épaississement ou synéchie de la cornée ou du tympan ; la similitude du traitement des rétrécissements de la trompe d'Eustache ou des points lacrymaux ; enfin, la gravité de ces otites et conjonctivites purulentes du nouveau-né qui, lorsqu'elles sont méconnues, ou traitées trop tardivement, amènent fatalement la surdité ou la cécité.

De même l'exagération prolongée de la tension des liquides de l'oreille interne et de l'œil produit des troubles de l'ouïe et de la vision qui, à leur début, peuvent être améliorés par des opérations analogues : la myringodectomie et l'iridectomie, mais qui, ultérieurement, présentent une incurabilité absolue.

Si l'étude du glaucome a été l'objet de nombreux travaux, la question de la pression intra-labyrinthique semble avoir peu attiré l'attention des auteurs. En parcourant la littérature otologique, nous trouvons quelques auristes qui, comme Toynbee et Politzer, ont étudié l'influence des mouvements de l'appareil de transmission du son sur le liquide labyrinthique. MM. de Troeltsch, Toynbee, Duplay, Tillaux, Gellé, Bonenfant, ont fait jouer à l'exagération de la pression intra-labyrinthique un rôle important dans la pathogénie de certains troubles de l'audition et de l'équilibration. Mais dans aucun ouvrage traitant des maladies de l'oreille nous n'avons trouvé, même à l'état d'ébauche, l'histoire de la tension des liquides de l'oreille interne.

L'étude de cette question, que nous nous proposons d'étudier, est peut-être au-dessus de nos forces; mais nous osons espérer que les nombreux efforts que nous avons faits pour chercher à l'élucider nous attireront la bienveillance de nos juges.

Qu'il nous soit permis ici de remercier notre excellent maître, M. Tillaux, de l'empressement qu'il a mis à nous communiquer les observations de plusieurs années de sa consultation spéciale des maladies des oreilles à l'hôpital Lariboisière, et de lui témoigner toute notre reconnaissance pour ses précieux enseignements, et pour la bienveillance qu'il nous a toujours émoignée pendant le temps que nous avons eu le bonheur de passer dans son service.

Qu'il nous soit permis également d'adresser nos remerciements les plus sincères à notre maître, M. le Dr Gellé, dont les conseils et les savantes leçons professées à l'École pratique de la Faculté ont facilité notre tâche.

DIVISION DU SUJET.

Lorsqu'au moyen d'un appareil, reproduisant la disposition du tympan et des osselets, on transmet le son d'un cor à piston à l'eau d'une caisse dans laquelle un crustacé tel que le mysis est fixé, il est facile, à l'aide d'un microscope, de reconnaître que les vibrations du milieu liquide se transmettent à de grands cils ou crins constituant la partie fondamentale de ces animaux. Cette expérience, faite pour la première fois par Hensen, permet de constater d'une manière directe le mécanisme de l'audition réduit à sa plus simple expression, et de se rendre compte des phénomènes qui doivent se passer dans les parties profondes et cachées de l'oreille interne de l'homme.

Le labyrinthe, en effet, peut, en dernière analyse, être comparé à une cavité close pleine de liquide, dans laquelle on observe un épithélium spécial en rapport avec les terminaisons nerveuses du nerf auditif. Cette vésicule et son nerf, premier rudiment de l'organe de l'ouïe, subit, à mesure qu'on s'élève dans l'échelle animale, une série de perfectionnements dont le dernier terme constitue chez l'homme un ensemble de parties très-compliquées par leur structure et leur arrangement. Dans l'oreille interne de l'homme, la vésicule ou appareil auditif de certains animaux inférieurs est remplacée par plusieurs tubes irréguliers constituant le labyrinthe membraneux, qu'une capsule osseuse (labyrinthe osseux) enveloppe à peu près complètement. Ces deux parties distinctes renferment deux liquides différents : l'un, endolymphe, est contenu dans les sacs et les tubes du labyrinthe membraneux ; l'autre, périlymphe, circule entre les parois du labyrinthe membraneux et le périoste du labyrinthe osseux.

Tandis que chez les poissons dont le labyrinthe osseux n'enveloppe que très-incomplètement les parties molles de l'oreille interne, les ondes du milieu liquide ambiant se transmettent presque directement aux extrémités nerveuses qu'elles ébranlent ; chez l'homme, le labyrinthe membraneux ne reçoit les vibrations de l'air que par des orifices très-petits (fenêtre ovale, fenêtre ronde), à l'aide d'organes spéciaux (tympan et chaîne des osselets) destinés à augmenter la finesse de l'ouïe. Les liquides labyrinthiques avec les terminaisons nerveuses qui y baignent sont donc comme isolés dans une cavité extensible seulement dans quelques points. Ces liquides, par leur tension, exercent une pression sur les parois de la cavité close qui les contient, parois qui, au niveau de la fenêtre ronde et de la fenêtre ovale, présentent une réaction sur laquelle nous insisterons plus tard.

Or, c'est cette pression intra-labyrinthique que nous voulons étudier.

Dans une première partie, nous essaierons de montrer :

A. Les conditions générales statiques de la pression intra-labyrinthique ; ses rapports avec :

1° Le phénomène de l'accommodation de l'oreille ;
2° La déglutition ;
3° La circulation ;
4° L'innervation.

B. Les modifications de cette tension produites par divers états pathologiques amenant :

1° Un excès de pression intra-labyrinthique ;
2° Diminution de pression intra-labyrinthique.

Nous étudierons à peu près exclusivement l'exagération de tension intra-labyrinthique, et, après avoir passé en revue ses causes, les phénomènes qu'elle produit et les moyens d'y remédier, nous tenterons d'établir un parallèle entre le glaucome proprement dit et *le glaucome auriculaire*.

I.

CONDITIONS GÉNÉRALES STATIQUES DE LA PRESSION INTRA-LABYRINTHIQUE.

Avant d'étudier cette question, nous croyons devoir rappeler en quelques mots les rapports qui existent entre les parois si complexes de l'oreille interne et les liquides qu'elles renferment. La cavité du labyrinthe osseux, contenant le périlymphe, se divise en trois portions : en arrière les trois canaux demi-circulaires, en avant le limaçon, au centre le vestibule. Les parois du vestibule sont percées d'ouvertures qui font communiquer entre elles toutes les parties de la cavité labyrinthique ; ce sont les cinq orifices des canaux demi-circulaires, et l'orifice elliptique de la rampe vestibulaire du limaçon. Dans cette cavité osseuse, irrégulière, se trouve suspendu le labyrinthe membraneux dont les parois flottantes ou tendues servent de support aux ramifications terminales du nerf auditif. Depuis les travaux de Hensen, on sait maintenant que le système du vestibule et des canaux demi-circulaires membraneux est réuni à la cavité du limaçon membraneux par un canalis reuniens dont Reichert, Henle ont aussi constaté l'existence.

D'après ces dernières recherches anatomiques, on peut donc dire que chacune des cavités membraneuses ou osseuses du labyrinthe forme un canal flexueux dans lequel les liquides, qui y sont contenus, peuvent mouvoir librement d'une extrémité à l'autre. L'endolymphe remplit le labyrinthe membraneux; c'est un liquide limpide comme le cristal, tenant en suspension de petits corpuscules formés de carbonate de chaux jouant un rôle important dans l'audition.

Le liquide du labyrinthe osseux ou humeur de Scarpa entoure de toutes parts les parties molles flottantes de l'oreille interne, leur transmet les vibrations qui leur arrivent soit par la fenêtre ovale, soit par la fenêtre ronde, soit par la substance compacte du rocher. Ce liquide remplit tous les canaux demi-circulaires, la cavité et la rampe vestibulaire et par l'hélicotrème communique avec la rampe tympanique. M. Weler-Liel a trouvé une communication entre la cavité labyrinthique et les espaces sous-arachnoïdiens; mais cette communication n'est pas admise par tous les auteurs.

La périlymphe, par le seul fait d'être renfermée dans une cavité close, exerce une pression excentrique sur les parois qui l'entourent. Or cette pression, en vertu du principe établi par Pascal, a lieu dans tous les sens et d'une manière égale. Le liquide de Cotugno est contenu dans une cavité osseuse, résistante, dont les parois ne présentent que deux parties flexibles, la fenêtre ronde et la fenêtre ovale. D'une manière générale, nous pouvons comparer les deux rampes vestibulaires et tympanique, à deux vases communiquant par un orifice hélicotrème et dont les deux extrémités correspondent l'une à la fenêtre ronde, l'autre à la fenêtre ovale. Or, on sait que deux liquides semblables renfermés dans des vases distincts communiquant à leur partie inférieure sont en équilibre. A l'extrémité d'un des conduits, la rampe vestibulaire l'étrier peut, comme un piston, entrer dans la cavité labyrinthique et comprimer l'humeur de Cotugno, qui, étant incompressible, trouve un lieu de dégagement vers l'extérieur dans un point dépressible de la paroi : la fenêtre ronde. Lorsque l'étrier s'enfonce dans la fenêtre ovale, le liquide du vestibule est mis en mouvement et ses oscilliations se transmettent par l'orifice elliptique au liquide de la rampe vestibulaire et de là, par l'hélicotrème au tympan secondaire. Cette membrane cède d'abord sous la pression, puis en vertu de son élasticité, revient sur elle-même et repousse à sa place primitive la platine de l'étrier. Au point de vue du sujet qui nous occupe, nous croyons donc pouvoir dire que la fenêtre ronde par son élasticité propre joue le rôle de *régulateur de la tension intra-labyrinthique.* D'un autre côté, si nous remarquons que les différentes parties du labyrinthe sont formées de dilatations réunies par de petits canaux, que les deux rampes du limaçon relativement considérables communiquent par un orifice très-étroit, peut-être pourrons-nous voir dans cette disposition particulière de l'oreille interne une condition favorable à l'excitation physiologique des éléments délicats de la lame membraneuse par les ondulations régularisées du liquide de Cotugno.

Rapport de la tension intra-labyrinthique avec l'accommodation de l'oreille.

Les liquides de l'oreille, renfermés au milieu de la substance compacte du rocher, reçoivent principalement les vibrations de l'air ambiant par l'intermédiaire de nombreux petits rouages destinés à assurer l'intégrité et la délicatesse de la fonction auditive, en modifiant les degrés de la tension du liquide labyrinthique. La chaîne des osselets forme le principal moyen de transmission des vibrations sonores aux parties molles de l'oreille interne. Considérée au point de vue du sujet qui nous occupe, cette chaîne des osselets, qui unit la fenêtre ovale et la membrane tympanique, présente à ses extrémités deux leviers osseux et deux moteurs musculaires jouant un rôle capital dans le mécanisme de l'accommodation de l'appareil auditif et de la tension endolabyrinthique. Elle présente deux points fixes, l'apophyse de Raw et la branche horizontale de l'enclume, qui forment l'axe de rotation autour duquel se meuvent les deux leviers mobiles, le manche du marteau et la branche stapédienne de l'enclume. Le premier levier ou branche du marteau donne insertion au muscle (tenseur de la cloison tympanique), le deuxième levier ou étrier, au muscle du même nom. En examinant la forme, le volume, la puissance de ces leviers et de leurs moteurs, on peut, *a priori*, juger de léur action différente sur le liquide du labyrinthe. Le muscle interne du martean exercerait sur la fenêtre ovale une pression qui serait trop considérable, si elle n'était pas atténuée par l'action plus faible mais antagoniste du muscle de l'étrier.

Les expériences suivantes que nous avons vu faire devant nous par M. Gellé, au laboratoire de M. le professeur Béclard, démontrent d'une manière certaine l'antagonisme des deux muscles, tenseur du tympan et muscle de l'étrier.

Sur une tête fraîchement préparée, il suffit de pratiquer au canal demi-circulaire supérieur une ouverture à laquelle on adapte un petit tube manométrique rempli d'une solution carminée. Si à l'aide d'un stylet, par exemple, on tend le muscle interne du marteau, on voit les deux leviers mobiles, le manche du marteau et la branche stapédienne tourner autour de l'axe de rotation de la chaîne des osselets, se porter en dedans et le liquide subir une oscillation positive dans le manomètre. Vient-on à supprimer la tension du muscle interne du marteau, aussitôt une oscillation négative du manomètre indique une décompression du liquide de l'oreille interne. On peut également, en comprimant l'étrier sur la fenêtre ovale, remarquer une saillie de la fenêtre ronde vers la caisse ; aussi Politzer en plaçant un manomètre dans la fenêtre ronde, remarqua-t-il des oscillations en rapport avec le degré de tension du muscle tenseur du tympan.

En tendant le muscle de l'étrier, on observe soit un affaissement de la surface miroitante d'une section faite préalablement au canal semi-circulaire supérieur, soit une oscillation négative du manomètre placé dans la fenêtre ronde. Les deux muscles précédents ont donc une action diamétralement opposée : le premier est *tensor* de la pression intra-labyrinthique, le second est *laxator* de cette pression. Cet antagonisme entre les deux actions musculaires permet de comprendre le mécanisme de l'accommodation de l'oreille pour les sons. L'oreille est accommodée en tension moyenne pour les sons ordinaires; et les muscles ne se contractent que dans certaines circonstances comme celle d'*écouter*. Dans l'action de *tendre l'oreille* pour entendre un bruit, le muscle interne du marteau amène vraisemblablement la tension du tympan. On peut avec les différents auteurs comparer le mécanisme de l'accommodation de l'oreille à celui de l'œil. Tandis que le muscle droit interne du marteau protége le liquide labyrinthique contre les sons trop forts, comme l'iris protége la rétine contre une lumière trop éclatante, le muscle de l'étrier place les organes de l'ouïe dans les conditions d'être impressionnées par les vibrations les plus faibles et les plus délicates, et remplit ici le rôle des fibres rayonnées de l'iris ou dilatateur de la pupille, pour augmenter sa perception lumineuse lorsque sa source de lumière est peu intense. (Duplay.)

Rapport avec la déglutition.

La caisse n'est pas, comme le croyaient les anciens, remplie d'un air spécial *aer congenitus*; elle est reliée au pharynx par un canal servant à régulariser la circulation de l'air dans cette cavité. C'est grâce à ce tuyau de ventilation, la trompe d'Eustache, que la densité de l'air est égale en dedans et en dehors de la membrane tympanique.

Contrairement à l'assertion de Politzer, la trompe d'Eustache n'est pas constamment ouverte; mais la contraction intermittente de certains muscles facilitent la pénétration de l'air dans ce canal.

Voici d'après M. Gellé le mécanisme de la circulation de l'air dans la caisse, pendant la déglutition : les muscles apériteurs du pavillon de la trompe d'Eustache écartent les parois de ce conduit, produisent dans la caisse, en un premier temps, un léger vide, indiqué par une excavation du tympan, qui est pour ainsi dire aspiré vers la paroi interne de la cavité tympanique. Mais l'air du pharynx et de la paroi de la caisse se mettant bientôt à égalité de pression, la membrane du tympan, en vertu de *son élasticité propre* (en un deuxième temps), reprend sa position première jusqu'au prochain mouvement de déglutition.

Il se produit une tension du liquide labyrinthique jusqu'à la fenêtre ronde à chaque mouvement de déglutition, tension corrélative de celle du tympan qui peut être démontrée expérimentalement avec le manomètre de Politzer, ou par les tracés graphiques obtenus par le *tympanographe* de M. Gellé.

Si nous comparons les faits qui se passent dans l'oreille interne au moment de la déglutition, ou pendant l'accommodation de cet appareil, nous ne pouvons manquer de constater une analogie entre les effets produits. Que voyons-nous en effet? Deux puissances musculaires, muscles apériteurs de la trompe et tenseur tympanique amènent par leur contraction une tension du liquide labyrinthique ; deux membranes fibreuses, élastiques, le tympan et la fenêtre ronde ou tympan secondaire luttent contre l'action prédominante de ces muscles. C'est de l'action opposée de ces facteurs que résulte l'équilibre normal du liquide labyrinthique en oscillation constante : aussi le défaut d'action d'un de ses éléments entraîne-t-il comme nous le verrons ultérieurement des troubles, des modifications pathologiques, dans la pression du liquide de Cotugno.

Nous devons ajouter que l'air emmagasiné dans l'apophyse mastoïde empêche qu'une raréfaction trop absolue de l'air de la caisse ne détermine une tension trop considérable du liquide de Cotugno. Telle serait à notre avis le rôle des cellules mastoïdiennes dont le développement est en raison inverse de celui de la cavité tympanique.

La phonation, les mouvements respiratoires exercent-ils une influence sur la tension intra-labyrinthique? Nous ne pouvons sur ce sujet donner une assertion catégorique; nous nous contenterons de dire que les traces graphiques, obtenus avec le *tympanographe* de M. Gellé, ne permettent pas de constater aucun mouvement du tympan pendant l'inspiration ou l'expiration.

Rapport avec la circulation.

L'organe de l'ouïe possède comme les autres organes du sens une richesse vasculaire remarquable. Chez le fœtus, les parties fondamentales de cet appareil sont contenues dans une portion du crâne gorgée de sang qui plus tard prend une dureté considérable, le rocher, cet os dont la texture rappelle les lésions de l'*ostéite condensante* (M. Gellé). A la naissance, la congestion physiologique de l'oreille fœtale disparaît sous l'influence de la dilatation du thorax et du vide pulmonaire qui amènent un dégorgement de tous les tissus de l'oreille et font disparaître le magma gélatiniforme de la caisse tympanique dans laquelle les mouvements de déglutition du nouveau-né facilitent la circulation de l'air.

Pour que la circulation sanguine de l'oreille interne soit régulière, il faut qu'il existe un rapport proportionnel entre la pression intra-labyrinthique et la pression endo-vasculaire ; et celle-ci en raison de l'entrée du sang devra être supérieure à la première. A conditions égales, plus forte est la tension artérielle comparativement à la pression intra-labyrinthique, plus grand est l'afflux du sang dans l'oreille interne. Par contre, la circulation sera d'autant plus difficile que le liquide de Colugno aura une tension plus grande. La section ou la compression de l'artère carotide entraîne une diminution de la tension endo-labyrinthique, tandis qu'un effet contraire est produit par la ligature des veines jugulaires, et tous les obstacles au retour du sang des nombreuses veines de l'oreille interne vers les veines du crâne.

Rapport de la pression intra-labyrinthique avec l'innervation.

La tension des nombreux capillaires qui circulent sur les parois du labyrinthe est aussi sous la dépendance des nerfs vaso-moteurs. Tandis que dans l'étude de la tension endo-oculaire on a pu utiliser des moyens d'exploration tels que le manomètre ou l'examen optalmoscopique, qui ont permis de saisir directement les chargements survenues dans cette tension sous l'influence de la paralysie ou de l'excitation de certains nerfs, nous ne pouvons, dans la question qui nous occupe, que procéder par analogie, et admettre des hypothèses basées sur des observations cliniques ou quelques faits de physiologie expérimentale.

En piquant, à différentes reprises, la moelle du cochon d'Inde vers la troisième ou quatrième vertèbre cervicale, nous avons eu occasion de constater sur une oreille de l'animal une dilatation des vaisseaux avec augmentation de chaleur, persistant pendant un temps variable de quelques heures à quelques jours. On sait qu'un phénomène analogue est produit par la section du grand sympathique au cou.

Les intéressantes recherches faites dans ces derniers temps au laboratoire de M. Béclard, par MM. Duval et Laborde, ont démontré que la section des fibres descendantes du trijumeau déterminait des troubles trophiques du côté de l'oreille interne. Dès lors, il nous est permis de supposer que le trijumeau remplit à l'égard de l'oreille le rôle d'un nerf activant ou diminuant la sécrétion du liquide labyrinthique. Peut-être serait-il juste de rapprocher de cette action trophique, sur le labyrinthe et l'oreille moyenne, ces hémorrhagies de l'oreille (otæmatomes) observées chez certains aliénés, qui d'après les recherches de Brown-Séquard et Virchow tiendraient à des altérations des centres nerveux.

Mais, nous le répétons, bien qu'aucune preuve directe à l'aide de manomètre n'ait été donnée de l'influence de l'innervation sur la tension intra-labyrinthique, nous ne pouvons méconnaître cette influence, que l'observation clinique et quelques faits expérimentaux semblent prouver.

II.

PARTIE PATHOLOGIQUE.

Après avoir étudié l'état physiologique de la tension endo-labyrinthique, nous allons examiner maintenant les causes morbides de l'exagération de cette tension, les symptômes qu'elle présente, et enfin les moyens d'y remédier.

Pathogénie de l'excès de pression intra-labyrinthique.

Les causes de l'exagération de la pression intra-labyrinthique sont nombreuses, elles peuvent résulter des différentes affections de l'appareil de réception ou de transmission des ondes sonores.

Commençons par l'étude des maladies de ce dernier appareil.

Conduit auditif externe. — La pression qu'exercent les bouchons cérumineux sur les liquides de l'oreille interne varient suivant que ces corps étrangers viennent à toucher subitement le tympan, ou sont éloignés de cette membrane. Ces masses cérumineuses se produisent lentement ; elles commencent par recouvrir la paroi inférieure du conduit auditif externe, sous la forme d'une mince couche, qui, sous l'influence des mouvements de mastication s'élimine par le méat auditif. Mais, soit que cette séborrhée se produise avec une trop grande rapidité, soit qu'une atrésie du méat, ou les poils qui s'y trouvent, empêchent les produits de sécrétion cérumineuse de sortir au dehors, le conduit auditif externe se trouve bientôt obstrué. Sous l'influence de ce corps étranger, qui en grossissant irrite les parois du conduit auditif externe, le malade éprouve des démangeaisons, une sensation de plénitude dans l'oreille, et repousse par l'usage intempestif d'un cure-oreille le bouchon cérumineux sur le tympan. D'autres fois une simple chute ou un mouvement brusque détermine ces déplacements. Dans ces deux conditions, oblitération complète du conduit auditif externe, ou contact direct du tympan par le corps étranger, il y a une exagération de la pression endo-labyrinthique qui nous permettra d'expliquer ultérieurement les phénomènes subjectifs présentés par le malade.

Toynbee a bien démontré que la pression causée par les bouchons cérumineux sur la membrane du tympan se transmet à toute la chaîne des osselets et par son intermédiaire au liquide de Cotugno. Mais lorsque la masse cérumineuse est séparée du tympan, et obture complètement le conduit auditif externe, la même pression peut-elle encore être admise? L'expérience suivante de M. Gellé permet de constater la réalité de cette compression: sur une tête d'enfant fraîchement préparée dont on a enlevé l'encéphale, on fait une ouverture au canal demi-cerculaire supérieur, et sur cet orifice maintenu humide, on fait tomber un rayon lumineux. Les moindres oscillations du liquide de Cotugno se traduiront par l'apparition d'une surface miroitante, correspondant à la fenêtre pratiquée au demi-canal supérieur. Si dès lors on obture le méat auditif avec la pulpe du doigt, la surface miroitante subit un mouvement, la pression exercée sur le tympan amène une tension générale de l'appareil auditif. Mais nous devons ajouter qu'il est très-rare d'observer une obstruction absolue du conduit auditif externe par un amas de cérumen situé un peu en dehors de la membrane tympanique. De plus l'air confiné entre le tympan et le bouchon cérumineux peut être éliminé par absorption, et la membrane tympanique refoulée en sens inverse entraînerait en dehors la chaîne des osselets, si bien que la pression hydrostatique de l'oreille interne après avoir été exagérée reviendrait à l'état physiologique.

Enfin nous devons signaler, comme produisant une action analogue sur la chaîne des osselets, les polypes du conduit auditif qui perforent la membrane du tympan, certaines tumeurs sébacées, une oblitération accidentelle ou congénitale du méat auditif, et enfin le séjour dans l'air comprimé.

Maladies du tympan. — Le tympan joue le rôle de régulateur de la pression intra-labyrinthique. Pressée en dedans par l'air de la caisse, en dehors par l'air atmosphérique, il ne peut fonctionner que grâce à un équilibre entre ces deux pressions. Cet équilibre est assuré par la circulation de l'air dans la caisse, qui s'effectue par l'action de deux agents différents par leur structure : ce sont d'une part les muscles tubaires, d'autre part le tissu élastique du tympan. Mais, qu'un de ces deux facteurs, le tympan par exemple, perde sa propriété fondamentale ; immédiatement il y aura prédominance de l'action des muscles tubaires et excavation consécutive de la membrane tympanique vers la paroi interne de la caisse. Pendant la déglutition, nous l'avons déjà vu, les muscles tubaires dilatent l'orifice de la trompe, le tympan d'abord aspiré en dedans reprend sa position première en vertu de son élasticité.

Mais cette puissance du ressort du tympan est liée d'une manière intime à l'intégrité d'une propriété de tissu. Si le tympan est devenu le siége d'une inflammation aiguë, si à la suite de cette affection il subit des dégénérescences diverses, s'il perd tous les éléments propres qui le constituent et qui sont nécessaires à son fonctionnement, alors les muscles tubaires continuent à attirer en dedans cette membrane qui réagit mal et ne se porte qu'incomplètement en dehors, puis d'une manière lente, insidieuse, si l'on n'y prend garde, la cloison tympanique s'excave de plus en plus vers la paroi interne de la caisse à laquelle elle adhère facilement, et empêche les mouvements de la fenêtre ronde et de la fenêtre ovale, qui sont indispensables à la régularisation de la tension intra-labyrinthique.

Oblitération de la trompe. — L'agent musculaire de la circulation de l'air dans la caisse peut être aussi atteint; et son défaut d'action amène une différence de pression sur les faces de la membrane du tympan et secondairement sur la fenêtre ovale, Dans les obstructions complètes de la trompe, l'air de la cavité tympanique est bientôt résorbé. Il est plus juste de dire que dans ces cas, la raréfaction de l'air n'est pas due à une simple absorption, laquelle ne saurait avoir lieu que si le sang était dépourvu de gaz; il y a plutôt une échange de diffusion. Quoi qu'il en soit, le tympan est repoussé en dedans entrainant avec lui la chaîne des osselets.

Affection de l'oreille moyenne. — Nous avons montré

précédemment l'action des deux muscles antagonistes de l'accommodation de l'oreille. Ces deux muscles reçoivent leur innervation de deux sources différentes; le muscle interne du marteau est innervé par un filet de la branche otique du trijumau, tandis que le muscle de l'étrier est animé par le facial. Supposons une paralysie du facial; le muscle de l'étrier ayant perdu son action modératrice, le tenseur du tympan agit sans contre-poids sur le liquide labyrinthique et y détermine un excès de pression. On peut observer un spasme ou rétraction du muscle interne du marteau qui possède dans ces deux cas une prédominance temporaire ou permanente sur son antagoniste le muscle de l'étrier. Cette prédominance d'un de ces muscles peut être comparée à celle d'un des muscles droits de l'œil, et la ténotomie que l'on pratique dans ces circonstances, justifie, croyons-nous, la comparaison.

Lorsqu'on examine le squelette de la cavité tympanique, on peut voir sur le tiers postérieur et inférieur de la paroi labyrinthique, autour des fenêtres ronde et ovale, un nombre assez considérable de dépressions. Ces vacuoles sont comblées à l'état frais par une muqueuse, qui, chez l'enfant principalement, sous l'influence d'un refroidissement ou d'une inflammation catarrhale de la caisse, se congestionne avec une grande facilité, subit un gonflement qui comble la dépression ou niche de la fenêtre ronde et empêche les mouvements de cette membrane nécessaires à l'équilibre du liquide labyrinthique. Si l'inflammation s'accompagne d'une sécrétion morbide, les produits sécrétés remplissent la caisse, et exercent sur les parois de la cavité tympanique une pression qui sera d'autant plus considérable qu'une voie d'élimination des matières épanchées n'aura pas été produite. Il est à remarquer que la trompe d'Eustache est généralement obstruée par une inflammation concomitante, que l'orifice tympanique de ce conduit se trouve bien au-dessus de la fenêtre ronde et de la fenetre ovale, et que conséquemment la perméabilité de ce conduit ne suffirait pas à la sortie du pus. Plus fréquemment le tympan se perfore, et la perforation de cette membrane amène une détente dans la tension intra-labyrinthique.

Mais l'inflammation peut être plus lente, ne pas s'accompagner de sécrétion et produire néanmoins une exagération de pression du liquide de Cotugno.

La description suivante des lésions anatomo-pathologiques d'un cas d'otite chronique faite par M. Gellé donnera une idée exacte des désordres qui peuvent être produits. « En ouvrant la paroi supérieure on voit les rapports avec la paroi tympanique. La cavité de l'oreille moyenne en avant et au voisinage de la trompe d'Eustache est saine; mais si l'observateur regarde en arrière et de haut en bas, l'œil ne distingue ni tête osseuse ni jointure, ni ligament, tout est confondu en une masse fibreuse dans l'épaisseur de laquelle on peut constater l'existence des osselets. Cette masse compacte englobe toute la chaîne, et réunit les deux parois. Une traction sur la cloison permet de rendre manifeste l'adhérence du manche du marteau dans toute sa longueur au promontoire, et la soudure de toute la portion postérieure de la cloison. Avec la pince il est possible de faire exécuter quelques mouvements en dehors, mais aucun mouvement n'est produit en dedans vers le labyrinthe. La platine de l'étrier déborde en dedans paroi du vestibule. Si on essaie d'ébranler les têtes des osselets accolés, aucun mouvement ne se transmet à l'étrier, immobilisé dans sa nouvelle situation. »

Assez fréquemment les lésions sont moins étendues ; ainsi certains points comme les deux fenêtres, sont exclusivement le siége de la dégénérescence sclérémateuse; quelquefois c'est le muscle tenseur qui a subi une rétraction. Quoi qu'il en soit, d'une manière générale, dans l'otite chronique il peut exister une compression du liquide labyrinthique due, soit à un enfoncement de l'étrier dans le vestibule, soit un défaut de mobilité de la fenêtre ronde qui, ayant perdu son élasticité, ne peut plus céder devant l'excès de pression de ce dernier osselet.

Oreille interne. — La circulation veineuse du labyrinthe est sous la dépendance de celle des sinus. Il ne faut pas oublier l'influence du grand sympathique sur la tonicité vasculaire des capillaires de l'oreille interne. Un épanchement sanguin consécutif à un traumatisme ou à une dégénérescence des vaisseaux de la paroi du labyrinthe, amène une pression exagérée sur les parties molles de l'oreille interne. Enfin, si la périlymphe communique, comme le dit M. Weber-Liel, avec l'espace lymphatique sous-arachnoïdien, on comprendra comment un œdème cérébral produira une pression anormale dans la cavité labyrinthique.

Les travaux récents de Moos ont montré que, dans les maladies infectieuses, fièvre typhoïde, variole, etc., des infiltrations lymphoïdes pouvaient se montrer primitivement dans l'oreille interne, et se terminer par une fonte purulente.

Symptomatologie. — Toute augmentation de pression

intra-auriculaire se transmet aux expansions terminales du nerf auditif qui nagent dans le liquide de Cotugno, les irrite, et peut produire des troubles circulatoires et nutritifs analogues à ceux qu'on observe dans la choroïde et la rétine lorsque les parois du globe oculaire subissent, pendant quelque temps, une compression exagérée d'origine glaucomateuse. L'excitation anormale des dernières ramifications du nerf acoustique, se traduit par différents symptômes que nous allons décrire succinctement. Ce sont des bourdonnements d'oreille, des vertiges, une surdité variable, enfin, un ensemble de phénomènes qu'on a groupés sous le nom de mal de Ménière.

Bourdonnements d'oreille. — Le bourdonnement d'oreille n'est pas une entité pathologique, mais un symptôme qui accompagne la plupart des affections de l'oreille, et dont nous croyons, dans la majorité des cas, devoir rattacher le développement à une pression exagérée de l'extrémité périphérique du nerf auditif. Mais avant d'aborder la description de ce symptôme, nous voulons essayer d'établir, par des preuves diverses, ce lien de causalité.

Le bourdonnement d'oreille étant une sensation subjective de l'ouïe, ne peut être provoquée que chez l'homme et analysée par lui. Dès lors, si nous pouvons démontrer par une expérimentation sur nous-même, ou une autre personne, que la pression du liquide labyrinthique amène la production de cette sensation subjective, la relation de cause à effet ne saurait plus être révoquée en doute.

Grâce à la complaisance de M. Regnard, nous avons

pu analyser sur nous-même les sensations subjectives de l'ouïe produites par l'action de l'air comprimé. Nous transcrivons les notes suivantes que nous avons prises pendant notre séjour dans l'appareil à air comprimé de la Sorbonne :

Au bout d'une minute, nous *sentons* le tympan s'excaver, se porter en dedans; mais les mouvements de déglutition et le procédé de Politzer suffisent pour ramener la membrane tympanique en dehors, et faire disparaître la sensation de plénitude de l'oreille. Bientôt, la sensation d'aplatissement du tympan augmente, et les mouvements de déglutition peuvent à peine diminuer l'excavation de la membrane. Au bout de huit minutes, lorsque le manomètre de l'appareil marque plus un tiers d'atmosphère, une douleur intolérable de l'oreille gauche, avec surdité, bourdonnement ou plutôt sensation de plénitude de l'oreille, nous empêche de supporter une compression plus considérable. A ce moment, les mouvements de déglutition et le procédé de Politzer sont douloureux. La décompression dure cinq minutes. L'oreille droite semble se dégager, et nous avons la sensation de la séparation de deux surfaces glutineuses qui correspondraient, l'une à la paroi labyrinthique, l'autre à la cloison tympanique. L'oreille gauche est toujours douloureuse. Au bout de quatre minutes de décompression, l'insufflation d'air dans la trompe, le nez et la bouche fermés, fait porter en dehors la membrane du tympan en produisant un bruit sourd étouffé comme une voile qui se tend.

En sortant de l'appareil, la sensation de plénitude d'oreille et de bourdonnement disparaît, mais l'otalgie gauche persiste pendant toute une journée.

Le fait suivant nous semble encore plus probant : Chez un malade, dont la disparition du tympan permettait de voir l'étrier qui seul de la chaîne des osselets persistait, la pression exercée à l'aide d'un stylet sur ce petit os amenait immédiatement des bourdonnements d'oreille et une tendance au vertige.

De plus, dans l'espèce, nous pouvons invoquer le vieil aphorisme : « Naturam morborum ostendunt curationes. » N'est-il pas fréquent de voir la disparition du vertige, des bourdonnements coïncider avec l'enlèvement des polypes comprimant la fenêtre ronde.

L'application du spéculum pneumatique dans les cas de projection en dedans du manche du marteau de Seygle, diminue ou supprime momentanément les bourdonnements, et, s'il est vrai que l'emploi de cet instrument ne réussit pas quelquefois, son insuccès peut être attribué à des adhérences qui expliquent la persistance de la compression du liquide labyrinthique.

La permanence de la lésion ne suffit pas pour amener une continuité dans le symptôme ; ainsi, l'accoutumance à la compression des éléments terminaux du nerf auditif peut expliquer l'absence de tinnitus dans certains cas d'obstruction de la trompe, avec persistance d'élasticité de la fenêtre ronde. De plus, dans certaines affections de l'oreille dans lesquelles la compression du liquide labyrinthique varie peu, l'apparition intermittente des bourdonnements doit être attribuée à des congestions sanguines passagères survenant sous l'influence de causes diverses, telles que les névralgies congestives de la face, les refroidissements, les troubles circulatoires des sinus, etc.

La nature du bourdonnement d'oreille étant établie,

étudions les circonstances dans lesquelles ce symptôme se manifeste.

Nous avons vu que le séjour dans l'air comprimé produisait des bourdonnements d'oreille dont l'intensité varie avec le degré de perméabilité de la trompe d'Eustache et d'élasticité de la fenêtre ronde.

La condensation subite de l'air du conduit auditif externe causée par une cause quelconque, comme un soufflet appliqué sur le méat externe du conduit, peut amener un refoulement du tympan ; de même que l'iris se contracte vivement sous l'influence d'une lumière trop éclatante, de même le muscle interne du marteau, par le fait d'une vibration sonore, trop intense, peut présenter une contraction réflexe énergique et comprimer le liquide labyrinthique.

Observation 1.

(Recueillie dans le service de M. Tillaux. Hôpital Lariboisière, 1er mai 1873.)

J..., 42 ans. Il y a quinze jours cet homme reçoit sur l'oreille gauche un soufflet de sa femme, et devient sourd à la suite de ce traumatisme. Depuis ce temps, le malade éprouve des bourdonnements.

Actuellement, caillot placé sur la pophyse externe, membrane du tympan fortement injectée, sans perforation. Déchirures superficielles du tympan.

La matière cérumineuse en s'accumulant et en séjournant dans le conduit extérieur de l'oreille forme, comme nous l'avons vu, un bouchon dur, noirâtre, pouvant déterminer une pression sur le tympan, et par suite des bourdonnements. Mais ce symptôme, dans beaucoup de cas, ne doit pas être nécessairement rattaché à la présence d'un amas cérumineux constaté dans le conduit auditif externe; car il ne faut pas oublier que l'accumulation de cérumen coïncide avec de nombreuses affections de l'oreille, telles que l'obstruction de la trompe, l'épaississement du tympan, l'affaiblissement du nerf auditif, etc.

Autrefois on attribuait le bourdonnement d'oreille au passage de l'air, au heurt de courants contraires à travers les interstices du corps étranger auriculaire, ou à l'irritation de la corde du tympan. Aujourd'hui il est plus logique d'admettre que les sensations subjectives produites par les bouchons de cérumen, résultent d'une pression sur le tympan, qui se communique à l'oreille interne par la chaîne des osselets. La masse cérumineuse qui, pendant un temps considérable, n'avait déterminé aucun trouble de l'audition, peut se déplacer par suite de l'emploi intempestif du cure-oreille, ou subir une dilatation après une injection dans le conduit auditif, et provoquer l'apparition de sensations subjectives de l'ouïe. Le malade éprouve tout à coup dans l'oreille une sensation de pression, de craquement, qui quelquefois disparaît par la traction du pavillon. Dans l'observation suivante, les bourdonnements étaient comparables au bruit d'une goutte d'eau qui tomberait dans l'oreille.

Observation II.

(Recueillie dans le service de M. Tillaux. Hôpital Lariboisière.)

Mlle B..., 28 ans, 13 décembre 1876.

Cette malade se plaint de bourdonnements dans l'oreille gauche depuis trois semaines. Ces bourdonnements sont survenus d'une manière brusque et ont été bientôt suivis d'une surdité assez notable. La malade compare ses bourdonnements à une goutte d'eau qui tomberait dans l'oreille. Elle n'éprouve aucune douleur, entend la montre à 2 cent. A l'examen, on trouve un bouchon de cérumen. La malade entend sa montre après l'extraction de ce corps étranger, à une distance de 30 à 40 centimètres ; les bourdonnements disparaissent. Vascularisation de la périphérie du tympan et principalement du manche du marteau.

Lorsque le bouchon de cérumen est situé dans le conduit auditif externe, en dehors du tympan, il est difficile, croyons-nous, de pouvoir rattacher le bourdonnement exclusivement à la cause que nous avons invoquée précédemment.

On a dit que la sensation subjective de l'ouïe était due à un trouble d'équilibre entre l'air confiné du conduit, et l'air de la caisse du tympan transmis par la trompe d'Eustache.

Itard, après Duverney, en a donné l'explication suivante :

« Le bourdonnement vrai, dû à la pléthore ou à la dilatation de quelque artère, s'explique d'une manière satisfaisante par le mouvement et l'impulsion du sang contre les parois des vaisseaux, soit que cette impulsion devienne plus forte, et que ce mouvement, jusque-là inapprécié, se fasse sentir à la pulpe nerveuse auditive. » Le nerf auditif n'étant plus en rapport avec l'air extérieur devient le siége d'une congestion et d'une hyperesthésie qui permet de comprendre l'impression douloureuse de l'audition après l'enlèvement de certains bouchons cérumineux.

Dans quelques autres affections du conduit auditif externe, telles que les otites diathésiques, on observe aussi ces bourdonnements ; mais l'interprétation que nous avons donné de ce phénomène ne saurait être exclusivement adoptée. Il faut tenir compte de plusieurs facteurs, la pression exagérée du tympan, l'hyperémie concomitante de l'oreille interne, ou l'irritation réflexe du nerf auditif par l'intermédiaire du trijumeau.

Ces otites peuvent se terminer par le développement de polypes qui, en comprimant le tympan, peuvent produire des sensations subjectives de l'ouïe : ce qu'on peut constater dans l'observation suivante.

Observation III.

(Recueillie dans le service de M. Tillaux.)

28 octobre 1875. P..., 28 ans. Il y a six mois, cet homme éprouva de vives douleurs dans l'oreille gauche. Deux jours après l'apparition de ces douleurs un écoulement abondant fétide s'échappe par ce conduit auditif externe. Actuellement le malade a des bourdonnements persistants et n'entend pas la montre appliquée sur le pavillon de l'oreille gauche. L'examen direct du conduit auditif externe gauche permet de constater un bourgeon charnu polypiforme comprenant le tympan.

Cautérisation avec un crayon au nitrate d'argent, et injection dans l'oreille d'une solution au sulfate de zinc, insufflation de poudre de tannin. Diagnostic : polype du conduit auditif externe comprimant le tympan et par suite le liquide labyrinthique.

La présence de certains corps étrangers très-petits dans le conduit auditif externe provoque l'apparition de sensations subjectives de l'ouïe, dont le mode de développement est difficile à expliquer. Peut-être le contact de ces objets d'une extrême ténuité avec la membrane du tympan, détermine-t-il un spasme du muscle interne du marteau, et par suite une tension anormale du liquide de Cotugno ?

La myringite aiguë s'accompagne de bourdonnements très-pénibles, présentant généralement un caractère pulsatile. Lorsqu'on examine le tympan atteint d'inflammation aiguë, on constate une injection énorme des vaisseaux du manche du marteau. Dans des cas semblables, M. Gellé a pu observer dans l'endotoscope préalablement placé dans le conduit externe de l'oreille, des oscillations isochrones à chaque pulsation artérielle. Nous pouvons donc admettre que si les pulsations artérielles peuvent se transmettre au liquide du manomètre, elles doivent *a fortiori* être communiquées aux humeurs de l'oreille interne par la chaîne des osselets. Nous verrons par l'observation suivante qu'il peut exister une relation intime entre les bourdonnements et les pulsations artérielles.

Observation IV.

(Recueillie dans le service de M. Tillaux. Hôpital Lariboisière.)

M..., mécanicien, 13 décembre 1874. Dans la nuit du mercredi, c'est-à-dire du 7 au 8 décembre, le malade est réveillé subitement par une vive douleur de l'oreille gauche, qui lui empêche tout sommeil. Les douleurs persistent la journée suivante, et le troisième jour il s'écoule du pus par l'oreille droite : surdité, bourdonnements. Il se présente à la consultation le dimanche 13 décembre.

Oreille droite : introduction du spéculum peu douloureux, tympan blanc opalescent. Oreille gauche : tympan rouge fortement injecté, surtout à la partie postéro-inférieure ; on y voit les battements de l'artère du manche du marteau, isochrones avec les pulsations cardiaques ; *le malade en a conscience.*

Oreille gauche : n'entend pas la montre appliquée sur le pavillon.

Oreille droite : montre entendue à 1 centimètre du pavillon.

Pas de triangle lumineux, mais brillant reflet métallique au centre, et deux reflets en arrière du marteau. Un examen attentif fait remarquer entre ces deux derniers reflets une traînée rouge plus sombre avec deux ou trois points plus foncés encore. Cette inflammation plus vive fait craindre que le travail phlegmasique continuant, il ne se produise en ce point une perforation ; auss engageons-nous le malade à revenir le dimanche suivant.

20 décembre. Nous trouvons au niveau du point où nous apercevions les battements de l'artère, c'est-à-dire à la partie postéro-inférieure du tympan au-dessous de l'ombilic, une hernie de la muqueuse tympanique à travers les couches moyennes et externes, pendant que le malade exécute le procédé de Politzer. Le procédé de Valsalva produit une dépression infundibuliforme : un énorme reflet lumineux répond à la place de l'ombilic. M. Tillaux fait remarquer que dans la période aiguë la rougeur étant beaucoup plus prononcée à la partie postéro-inférieure, c'est à ce niveau que s'est produit l'ulcération de la couche moyenne et externe du tympan: d'où la hernie de la muqueuse de la caisse.

27 décembre. A l'état de repos nous observons une cupule moins profonde qu'il y a huit jours ; les bords de la dépression ne sont pas taillés à pic, mais en forme de talus de fortification. Un triangle métallique brille en haut et en avant. Si le malade souffle, nous voyons une hernie de la muqueuse, mais elle est moins saillante qu'il y a huit jours. Il y a néanmoins une grande laxité superficielle du tympan.

3 janvier. Rien de particulier.

10 janvier. Les bords de l'orifice tympanique, moins réguliers aujourd'hui, sont manifestement revenus sur eux-mêmes.

31 janvier. Tympan entouré d'un cercle rouge de granulations ; il n'y a plus cette dépression d'où faisait hernie la muqueuse, le tympan paraît séparé ; le procédé de Valsalva fait tendre le tympan en totalité.

7 février. Otite externe ; battements et bourdonnement appréciables.

18 avril. Tympan régénéré, plus de bourdonnements.

Il est assez fréquent d'observer des malades qui, à la suite d'un ramollissement du tympan avec perméabilité de la trompe, entendent, à chaque mouvement de déglutition, un bruit de craquement dû sans doute à une aspiration du tympan vers la partie interne de la caisse.

On a décrit aussi un bruit de craquement très-facile à entendre, dont on rapporte la cause à la contraction spasmodique des muscles salpingo-palatins. Différentes explications ont été données sur le mode de production de ce phénomène. Suivant Poitzer, le bruit n'est endotique qu'en apparence ; il se produit en réalité dans la portion pharyngienne de la trompe d'Eustache, lorsque les deux parois de ce canal s'écartent brusquement par la contraction spasmodique des muscles tenseurs et élévateurs du voile du palais. Cet auteur contesterait le refoulement brusque du tympan vers la paroi interne de la caisse, et le spasme du muscle interne du marteau. Pour MM. Muller, Lucas, Leudet, le bruit de craquement perçu dans l'oreille doit être attribué à une contraction spasmodique du muscle tenseur du tympan. M. Destanche, qui rapporte dans sa thèse un cas analogue, dit qu'on peut s'expliquer facilement la coïncidence de la contraction spasmodique du muscle tenseur tympanique et le mouvement d'élévation du voile du palais, les recherches anatomiques de Mayer et Rebsomen ayant démontré que le muscle tenseur du tympan est rattaché au muscle tenseur du voile du palais par un faisceau de fibres tendineuses qui part du premier pour s'implanter directement dans la partie moyenne du second, disposition qui permet de considérer ces deux muscles comme ne constituant en réalité qu'un seul muscle digastrique. Chez certaines personnes, la contraction spasmodique du muscle tenseur du tympan peut amener des bourdonnements, une sensation de plénitude de l'oreille, qu'on doit vraisemblablement rapporter à un refoulement de la platine de l'étrier dans la cavité du labyrinthe. Avec son appareil enregistrant par un tracé graphique les mouvements du tympan, M. Gellé a constaté chez plusieurs personnes éprouvant la sensation du bruit auriculaire de Leadel, que la cause de ce phénomène curieux siégeait dans la contraction des muscles auriculaires, et non dans le spasme des muscles tenseurs du tympan et salpingo-staphylins. S'il est vrai que dans la majorité des cas ce phénomène doit être rattaché à la contraction des muscles auriculaires, nous ne pouvons néanmoins méconnaître que le spasme du muscle tenseur du tympan peut jouer un rôle dans la pathogénie du bourdonnement. L'observation suivante d'un étudiant en médecine chez qui l'examen comparatif des phénomènes subjectifs de l'ouïe et objectifs du tympan a pu être fait en même temps, démontre qu'indépendamment des mouvements du voile du palais, la contraction volontaire du muscle interne du marteau coïncidant avec la dépression du tympan, provoquait l'apparition des bourdonnements.

Observation V.

M. B..., étudiant en médecine, 24 ans.

Depuis très-longtemps je pouvais facilement déterminer des mouvements de mes deux tympans, lorsque au commencement de février 1878, à la suite de contractions réitérées de ces membranes, je fus pris de bourdonnements. Je ne pouvais plus faire mouvoir le tympan, et j'éprouvais des bourdonnements continuels analogues au bruit de coquillage et au sifflet de chemin de fer ; au point que plusieurs fois j'ai ouvert ma fenêtre le soir pour m'assurer si ce bruit était extrinsèque. Ce bruit ne variant pas, c'est à-dire conservant la même force, la fenêtre ouverte ou fermée, j'étais certain qu'il avait son origine dans mon oreille.

J'éprouvais une sensation de plénitude dans les oreilles, de fréquentes envies de dormir, et je ne pouvais rester longtemps debout.

Pendant huit à dix jours, je fus pris d'une surdité assez considérable, avec bourdonnements qui cédèrent au bout d'un septénaire à l'emploi de pilules de 20 centigrammes de sulfate de quinine par jour. Pendant ce traitement, je faisais sur moi-même le procédé de Valsalva et de Politzer.

Actuellement encore, à la suite d'un travail prolongé le soir, à la suite d'une légère congestion, j'éprouve des bourdonnements comparables au bruit de coquillage accompagné parfois d'un bruit de sifflet de chemin de fer. Je sens très-bien que mon tympan tombe en dedans et occasionne une pression qui me fatigue et me gêne beaucoup. Il me semble qu'on presse sur mon conduit auditif externe rempli d'eau.

C'est une expérience que j'ai faite, et qui m'a donné une sensation analogue à celle que je ressens pendant que j'ai des bourdonnements.

Lorsque j'éprouve cette pression, cette tension du tympan, je fais le procédé de Politzen ; immédiatement je me sens très-soulagé ; je ne ressens plus cette plénitude, ma tête est dégagée, moins lourde, et la somnolence disparaît. Si cette comparaison m'était permise, je dirais que lorsque mes bourdonnements disparaissent, je ressens un bien-être analogue à celui qu'on éprouve au sortir du sommeil par une belle matinée d'été.

Je fais contracter mon muscle interne du marteau, la bouche et les narines etant ouvertes. Je ne puis déterminer une tension de chacun des deux tympans avec autant de facilité que je puis le faire pour les deux orbiculaires des paupières. Toutefois, si je veux faire contracter le muscle tenseur tympanique d'un seul côté, le droit par exemple, je sens très-bien que celui-ci se contracte énergiquement. Le même muscle du côté gauche prend aussi part à la contraction, mais d'une manière moins prononcée.

Lorsque je contracte le muscle très-légèrement, le bruit produit est comparable au bruit du cœur ; il est sourd, lointain. Ce bruit analogue à celui du cœur est indépendant de la pulsation cardiaque, car je puis le produire à volonté entre deux pulsations de la radiale.

Pendant que M. B... faisait constater les muscles tenseurs du tympan, nous avons constaté une ondulation légère de cette membrane qui se portait en dedans, sans que nous ayons pu voir un mouvement du voile du palais, au moment de la sensation subjective de l'ouïe perçue par M. B...

Nous avons vu que l'inflammation de la muqueuse tympanique peut remplir la caisse d'un épanchement purulent, qui, distendant les parois de cette cavité, se fraie généralement un passage à travers une rupture du tympan. Pendant la première période de l'otite aiguë, lorsque les produits épanchés distendent les parois de la caisse, les malades éprouvent une sensation de plénitude de l'oreille, qui est généralement le siége de battements considérables isochrones au pouls. D'autres fois, dit Toynbee, ils éprouvent les sensations les plus horribles, qu'ils comparent tantôt au sifflement d'une machine à vapeur, tantôt au son des cloches; ou bien il leur semble entendre une explosion dans l'oreille; enfin ils éprouvent une gêne des fonctions cérébrales, gêne qui s'accompagne d'une inquiétude extrême et d'une dépression notable du système nerveux. Cette lourdeur de tête, ces douleurs excruciantes, cette obtusion intellectuelle, tout cet ensemble de symptômes inquiétants disparaît comme par enchantement, lorsqu'une perforation du tympan donne issue au pus, ou qu'une ponction de cette membrane amène un débridement de l'abcès de l'oreille moyenne. Les résultats favorables de la perforation pathologique ou chirurgicale du tympan indiquent bien que la rétention du pus dans la caisse et la tension exagérée de cette cavité sont les causes principales de l'ensemble des symptômes décrits précédemment. En faisant disparaître cette tension anomale de l'oreille, non-seulement on diminue d'une manière notable les bourdonnements qui en résultent, mais encore on empêche le pus de se propager aux méninges et à la fenêtre ronde, et on évite ainsi une terminaison fatale.

Dans l'inflammation chronique de la caisse, les phénomènes dus à la rétention du pus ne présentent pas la même intensité; et le plus souvent, pendant un certain temps, cette affection passe inaperçue. La lecture de nombreuses observations de catarrhes purulents de l'oreille chez les enfants nous a permis de constater l'absence du bourdonnement dans cette affection si commune du jeune âge. Ce fait pourrait trouver son explication dans la difficulté qu'ont les enfants d'analyser leurs sensations; néanmoins nous pensons devoir en donner une interprétation différente. On sait, en effet, que la capacité de la cavité tympanique est plus grande chez l'enfant que chez l'adulte; que l'orifice tympanique de la trompe est large au point que les injections pratiquées dans la caisse pénètrent facilement dans le pharynx. D'un autre côté, si on veut bien tenir compte de l'extensibilité plus grande de la fenêtre ronde à cet âge, on pourra voir dans cette disposition particulière des parois de la cavité tympanique de l'enfant une condition défavorable à la production d'un excès de tension dans la caisse et le labyrinthe, et, par suite, au développement d'une sensation subjective de l'ouïe, telle que le bourdonnement.

Dans la première période du catarrhe chronique, lorsque l'intégrité du tympan empêche l'issue du pus au dehors, la transmission des battements de l'artère du marteau au liquide de Cotugno peut se faire par l'intermédiaire du pus. C'est ainsi qu'on peut s'expliquer la production de bourdonnements isochrones au pouls et aux oscillations d'un manomètre placé dans le conduit auditif d'un malade atteint de cette affection.

L'otite chronique se termine fréquemment par un épaississement, une hypertrophie de la muqueuse, des fongosités vasculaires douées de battements isochrones au pouls, déterminant des bourdonnements que la compression des artères carotides fait disparaître temporairement.

Observation VI (Triquet), résumée.

Il s'agit d'une malade atteinte d'otite strumeuse de l'oreille droite, avec destruction de la membrane du tympan ; chute des osselets, suppuration de la caisse. Vers la partie moyenne de la paroi interne de la caisse existe un mamelon rouge luisant, agité de pulsations isochrones à celles du pouls. Le malade a des bourdonnements d'oreilles insupportables, comparables au carillon des cloches, diminuant par la compression des carotides. Cautérisation avec perchlorure de fer et guérison.

L'inflammation chronique de la caisse peut, en désorganisant les parties profondes de cette cavité, atteindre l'aqueduc de Fallope et déterminer une paralysie du nerf facial : de là une parésie du muscle de l'étrier et secondairement un enfoncement de cet os dans le vestibule par l'action prédominante du tenseur tympanique.

Nous avons vu que l'évolution des altérations de l'otite sclérémateuse produisait, si l'on n'y remédiait à temps, une pression exagérée du liquide de Cotugno, soit que la dégénérescence fibreuse détruise l'élasticité de la fenêtre ronde, soit que les tractus fibreux immobilisent les osselets et la membrane du tympan dans une situation vicieuse, soit qu'une rétraction du tendon du muscle interne du marteau détermine un enfoncement de l'étrier dans la fenêtre ovale. Les bourdonnements suivent la marche progressive de cette affection : d'abord légers, ils deviennent d'une intensité considérable et empoisonnent, en quelque sorte, la vie du malade. Ces sensations subjectives de l'ouïe, comparables au bruit de coquillage, d'un essaim d'abeilles, à la prononciation de la syllabe *zi*, etc., sont quelquefois améliorées par l'aspiration du tube spéculum pneumatique ou la compression des carotides, suivant que l'excès de pression intra-labyrinthique est seul en cause ou s'accompagne d'une congestion temporaire de la tête. Mais lorsque l'étrier est immobilisé dans la fenêtre ovale et qu'il existe une sclérose de la fenêtre ronde, les bourdonnements présentent une ténacité qui fait le désespoir des malades et des chirurgiens.

OBSERVATION VII (communiquée par M. Baratout).

Mme Per..., 27 ans, couturière.

Cette femme est devenue progressivement sourde depuis 1872. La santé générale n'a pas toujours été bonne ; elle a fréquemment des maux de gorge, des crampes d'estomac, et la menstruation a été souvent irrégulière. Actuellement on peut constater une hypertrophie du cœur. Au commencement de l'année 1876, la malade va à l'hôpital Lariboisière voir M. Tillaux, qui diagnostique une sclérose des deux caisses. La surdité, suivant toujours une marche progressive, la malade va consulter M. le Dr Miot, à sa clinique, le 17 octobre 1877.

17 octobre. Depuis trois semaines la malade éprouve, la nuit principalement, des bourdonnements d'oreille (bruit de coquillage) qui l'empêchent de dormir. Le jour, ces bourdonnements sont moins forts ; la malade entend mieux dans la rue que dans les appartements, et il lui semble que sa douleur de tête continuelle diminue en plein air.

Perception crânienne de l'oreille gauche assez bonne, excepté au niveau de l'apophyse mastoïde où elle est médiocre.

Portée auditive de l'oreille droite : montre entendue au contact: à l'oreille gauche, montre entendue à 1 centimètre 1/2.

Diapason mieux entendu à gauche, l'oreille étant ouverte que fermée.

Voix moyenne : oreille droite 0,40 cent.; oreille gauche 0,80 centimètres.

Examen du *tympan droit* : surface plane, convexe dans sa partie postéro-supérieure, gris blanchâtre, atrophié dans certains points, mobile seulement dans sa partie antérieure au devant du manche du marteau ; triangle lumineux très-élargi. *Tympan gauche* : gris terne, concavé dans sa partie postéro-inférieure ; apophyse externe saillante, un peu augmentée de volume, manche du marteau vu en raccourci, et peu vascularisé. Triangle lumineux isocèle, rétréci. Le spéculum pneumatique permet de constater le défaut de mobilité de plusieurs portions du tympan. Bruit de souffle assez doux dans les deux oreilles.

Traitement : gargarisme au chlorate de potasse ; calomel à l'intérieur ; insufflation trois fois par semaine de quelques gouttes de chlorhydrate d'ammoniaque dans les trompes.

9 novembre. Incision du tympan droit sur une longueur de 4 millimètres en arrière du manche du marteau : cette paracentèse amène une légère amélioration de l'ouïe.

Entend la montre à 4 centimètres après l'opération. Injection de chlorhydrate d'ammoniaque dans la trompe droite.

12 novembre. En rentrant chez elle, la malade a eu de violentes douleurs dans l'oreille droite, qui ont été calmées facilement par une instillation d'eau tiède.

Le lendemain légère douleur dans l'apophyse mastoïde droite, qui disparaît dans la soirée. La perforation persiste ; bourdonnement (bruit de coquillage). La malade suit mieux la conversation que les jours précédents. Portée auditive à l'oreille droite : 0,04 centimètres. Injection d'une faible solution de potasse dans la trompe.

14 novembre. Persistance de la perforation ; perception crânienne droite : médiocre en arrière de l'oreille, nulle au devant du pavillon ; portée auditive ; oreille droite : 0,04 centimètres ; oreilles gauche 0,02 centimètres. Bourdonnement dans les deux oreilles (bruit de cloche de chemin de fer).

16 novembre. Battements au niveau des tempes. Même état de l'acuité auditive ; le spéculum pneumatique fait disparaître pendant un temps assez long les bourdonnements du côté droit, mais au bout de deux minutes après l'aspiration du tube pneumatique, ils réapparaissent dans l'oreille gauche.

19 novembre. Persistance des bourdonnements et de la perforation.

21 novembre. Bourdonnements moins fréquents que les jours précédents, ont disparu la nuit, ne deviennent intenses qu'après les repas ; légère amélioration de la portée auditive.

23. Bourdonnements moins fréquents à gauche, ont disparu à droite.

26. La malade a ses règles en ce moment.

Bourdonnements presque continuels à gauche; l'emploi du spéculum pneumatique ne les fait pas disparaître. A droite, le léger bruit de chemin de fer ressenti par la malade cède à l'emploi du spéculum pneumatique.

28 novembre. Les bourdonnements apparaissent seulement après le repas, et vers 5 heures du matin la malade ressent des battements dans l'oreille. La compression des vaisseaux fait disparaître d'une façon sensible ces battements.

30 novembre. Les bourdonnements ont presque disparu à droite mais persistent à gauche.

Perception crânienne gauche assez bonne.

Incision du tympan gauche sur une longueur de 2 millimètres en avant de l'extrémité inférieure du manche du marteau. La malade est prise, immédiatement après la paracentèse, d'un étourdissement passager avec sensation de cuisson assez vive dans l'oreille gauche. La myrindectomie fait disparaître les bourdonnements; les douleurs se calment au bout de 10 minutes, et la portée auditive augmente de 4 centimètres. Néanmoins, au bout d'un quart d'heure la malade éprouve de nouveau un tintement dans l'oreille.

3 décembre. Perforation persiste à gauche; bourdonnements encore assez intenses au moment du réveil et après les repas.

Traitement : pilule de valérianate de zinc.

5 décembre. Névralgie dentaire depuis trois jours, abcès gingival au niveau de la deuxième molaire.

La malade déclare que les bourdonnements qu'elle éprouve en ce moment sont moins intenses et moins tenaces qu'avant la myrindectomie. Injection de faible solution de potasse caustique.

7 décembre. Persistance de la perforation à gauche.

10 décembre. Bourdonnements peu intenses; sont perçus seulement pendant une demi-heure par jour; névralgie dentaire.

Perception crânienne assez bonne des deux côtés.

Acuité auditive à la montre : droite, 4 centimètres; gauche, 5 centimètres.

12 décembre. On ne voit plus la perforation qui est vraisemblablement déchirée. Le spéculum pneumatique fait disparaître momentanément les bourdonnements qui persistent à gauche.

28 décembre. Application de l'électricité sur les deux oreilles.

9 janvier 1878. La malade est reprise de bourdonnements plus intenses quand elle marche ou fait des mouvements de déglutition,

1er février. Sulfate de quinine qui semble améliorer les bourdonnements qui néanmoins persistent.

Le tinnitus accompagne aussi les oblitérations de la trompe d'Eustache, mais le peu de durée des obstructions catarrhales de ce conduit, l'intégrité de la fenêtre ronde, nous permettent de comprendre la rareté relative de ce symptôme subjectif dans cette dernière maladie.

Parmi les lésions constatées à l'autopsie des malades ayant accusé des bourdonnements d'oreille pendant la vie, Politzer et Schwartze ont signalé une dilatation variqueuse des vaisseaux de la lame membraneuse du labyrinthe. Sous l'influence d'une congestion active, les battements de ces petites artères dans une cavité close peuvent se communiquer aux ramifications délicates du nerf auditif et déterminer un tinnitus manifeste. Dans la fièvre typhoïde, les bourdonnements peuvent être rattachés à une légère exagération de tension intra-labyrinthique produite soit par une congestion hypostatique de l'oreille interne, soit par l'obstruction de la trompe, soit par l'infiltration lymphoïde des parties molles du labyrinthe.

Les irrégularités de la circulation du labyrinthe sont aussi la cause de sensations subjectives de l'ouïe. Le malade atteint d'insuffisance aortique, lorsqu'il passe d'une position à une autre, et même indépendamment de tout déplacement, a des bouffées congestives de la face, des éblouissements, une tendance au vertige, et enfin des bourdonnements passagers. Les alternatives d'excès et de défaut de tension du système artériel, qu'on peut d'ailleurs constater par l'examen des battements des vaisseaux du cou chez les malades atteints de cette affection cardiaque, ces oscillations de tension, dis-je, se manifestent dans les petites ramifications artérielles du labyrinthe et se communiquent au liquide de Cotugno.

C'est encore dans un trouble circulatoire de l'oreille interne que nous trouverons l'explication de la coïncidence de la migraine et des bourdonnements d'oreille. En effet, suivant Millendorf, dans la migraine, les nerfs vaso-moteurs de la carotide et de ses branches seraient paralysés, et il y aurait par suite une dilatation des vaisseaux de la moitié correspondante de la tête. De même que, dans la migraine, la compression de l'artère carotide du côté correspondant, amène quelquefois la diminution de cette névrose, de même, la compression de l'artère auriculaire produit une diminution de l'intensité des bourdonnements d'origine congestive. Nous observons, dans l'oreille, des symptômes auditifs analogues aux troubles visuels tels que l'amblyopie passagère les scintillements en forme d'éclairs, en zigzag décrits en ces derniers temps par M. Galezowski, sous le nom de *migraine de l'œil.* Nous devons aussi signaler l'influence de la ménopause sur la production des bourdonnements d'oreille.

M. Dieulafoy a appelé tout récemment l'attention sur certains troubles auditifs qui surviennent fréquemment dans la maladie de Bright, accompagnant ou précédant l'anasarque et présentant dans leur évolution de nombreuses intermittences. M. Ladreit de la Charrière a constaté chez les différents malades qui font le sujet du travail de M. Dieulafoy, tantôt une déchirure du tympan, tantôt une vascularisation anormale du manche du marteau. A quoi doit-on rattacher ces phénomènes? A un œdème du nerf auditif, à une otite labyrinthique Devons-nous encore ici invoquer un excès de pression du liquide de Cotugno? Si la communication de la périlymphe avec les espaces sous-arachnoïdiens est certaine, comme croit l'avoir démontré M. Veber-Liel, nous trouvons dans ce fait une explication de l'intermittence des bourdonnements dont le degré serait en corrélation avec celui de l'œdème cérébral.

On voit par ce qui précède que, dans la plupart des cas, le bourdonnement dépend d'une augmentation de la pression intra-labyrinthique produite par des causes diverses.

Il est important, au point de vue thérapeutique, de reconnaître la cause réelle des différentes sensations subjectives de l'ouïe, car il est évident que les indications du traitement varieront considérablement suivant qu'il s'agira d'un enfoncement de la platine de l'étrier ou d'une congestion du labyrinthe. En tenant compte des données anamnétiques, fournies par le malade, en employant les nombreux moyens d'exploration de l'oreille, on peut arriver à reconnaître la nature du bourdonnement. On s'assurera, par l'examen du malade, si les bourdonnements ont leur siége dans une maladie du cerveau, de la moelle, ou dans un trouble général de l'organisme, comme la pléthore ou l'anémie. A l'aide de l'otoscope, on éliminera les bruits se produisant en dehors de l'oreille. La diminution de l'intensité des sensations subjectives de l'ouïe par la compression de la carotide, nous autorisera à penser que l'élément vasculaire joue un rôle dans la pathogénie du bourdonnement. Si par l'exploration attentive, on constate l'intégrité du conduit auditif externe et l'absence dans la caisse tympanique de collections muqueuses catarrhales ou purulentes; si la membrane du tympan est fortement excavée en dedans, avec saillie très-apparente de l'apophyse externe du manche du marteau; s'il est possible de voir la branche de l'enclume et la niche de la fenêtre ronde, si enfin l'application du spéculum pneumatique amène une diminution notable des bourdonnements, on pourra conclure qu'ils sont dus vraisemblablement à l'enfoncement de la platine de l'étrier dans la fenêtre ovale.

Peut-on tirer du caractère même des bourdonnements quelques indications pathogéniques? On peut dire d'une manière générale que les bourdonnements dus à une affection de l'oreille interne ont un caractère musical assez net; ce sont des bruits d'orchestre, de carillon, tandis que dans les maladies de l'appareil de transmission du son, les sensations subjectives sont comparables plutôt à des bruits sourds, bruissements de coquillage, bruits de la mer, etc.

Le bourdonnement est incompatible avec une dysécée absolue. De même que dans le glaucome, la présence des *phosphènes* indique l'intégrité totale ou partielle du champ visuel, et autorise l'intervention chirurgicale; de même, dans les maladies de l'oreille, les bourdonnements ou *acouphènes* nous permettent, en une certaine mesure, de conclure à l'absence de paralysie complète du nerf auditif.

Vertige

On sait qu'il existe deux parties dans le nerf auditif, la branche limacéenne qui constitue le nerf acoustique proprement dit, la branche des canaux demi-circulaires et du vestibule, que M. Cyon vient de désigner sous le nom de *nerf de l'espace*. Nous avons vu que l'excitation morbide de filets terminaux de la première branche, sous l'influence d'une pression exagérée du liquide de Cotugno, produisait des sensations subjectives de l'ouïe; il nous reste à examiner comment le deuxième rameau du nerf auditif réagira sous l'influence de causes analogues.

D'après M. Goltz, ce nerf, qui se distribue aux ampoules, serait spécialement chargé des rapports de l'organe de l'ouïe avec les mouvements du corps : orientation et équilibration. Le liquide des canaux demi-circulaires, dit M. Goltz, exerce d'après les lois de la pesanteur la pression la plus considérable sur les parties déclives. La pression exercée par ce liquide varie avec les mouvements de la tête, de façon que toutes les positions de cette partie du corps corresponde à une excitation locale particulière de ces nerfs. La sensation de cette excitation nerveuse spéciale constitue le sens de l'équilibre qui sert de régulateur aux mouvements.

Pour M. Cyon, le nerf des canaux demi-circulaires nous donne, par son excitation, les sensations qui nous servent à former la notion d'un espace à trois dimensions. La disposition, dit-il, des nerfs dans trois plans perpendiculaires l'un à l'autre, se prête à merveille pour une pareille fonction ; nous pouvons très-bien nous figurer comment les sensations d'étendue dans trois plans, dont la disposition, chez tous les vertébrés, répond exactement aux trois coordonnées de l'espace peuvent être utilisées par notre intelligence pour la construction de cet espace. Quel est le mode de fonctionnement du système des canaux demi-circulaires de ce nouvel organe des sens ? Normalement, grâce à la tension normale du tympan et de la chaîne des osselets, le liquide de Cotugno se trouve dans un état d'accommodation spéciale pour l'excitation des nerfs ampullaires. Cette excitation serait peut-être favorisée par les mouvements, soit actifs soit passifs de la tête, que produiraient un ébranlement des otolithes ou des cils auditifs, nageant dans le liquide de Cotugno. Tel est, d'après M. Cyon, le mode de fonctionnement des canaux demi-circulaires lié à l'état statique de la tension normale du liquide de l'oreille interne.

Ces ingénieuses explications du physiologiste facilitent beaucoup la compréhension du phénomène de l'orientation; et il nous semble difficile, au point de vue spéculatif, de contester la vraisemblance de ces interprétations séduisantes. Toutefois, si, quittant le domaine de la métaphysique, nous rentrons dans celui des faits, nous croyons qu'on ne peut localiser exclusivement dans les canaux demi-circulaires le sens de l'orientation. Les expériences de M. Gellé à l'aide du tube interauriculaire ont démontré que le mécanisme de l'orientation était plus complexe. Lorsqu'un son est produit la vibration sonore est immédiatement transformée en un mouvement volontaire des muscles insérés à l'apophyse mastoïde, qui dirigent le pavillon vers le foyer de production du bruit.

Mais si le rôle des canaux demi-circulaires dans le phénomène de l'orientation est encore l'objet de discussion les symptômes produits par la lésion de ces organes sont bien connus depuis les expériences de Flourens. Résumons en quelques mots ces expériences :

1° La section du canal horizontal de deux côtés est constamment suivie d'un violent mouvement horizontal de la tête; et le corps tout entier exécute des mouvements rotatoires, tantôt de droite à gauche, tantôt de gauche à droite;

2° La section du canal vertical soit supérieur, soit inférieur des deux côtés, est suivi d'un violent mouvement vertical de tête;

3° La section des canaux horizontaux et verticaux tout à la fois est suivie d'un mouvement horizontal et vertical tout ensemble.

Ces phénomènes, que Flourens assimilait à ceux que donne la section des pédoncules, seraient dus soit à un vertige auditif retentissant sur l'organisme (M. Vulpian), soit à des perturbations apportées par la section des canaux demi-circulaires aux sensations inconscientes qu'ils nous donnent sur la situation de notre tête dans l'espace (M. Cyon).

Brown-Séquard s'exprime d'une autre façon : « Des convulsions, du vertige, des mouvements rotatoires ont été observés dans des cas où l'encéphale a été trouvé tellement sain que les symptômes n'ont pu être considérés que comme des phénomènes sympathiques ou réflexes, excités par la lésion du nerf auditif. Me fondant sur ces faits pathologiques, sur les résultats de mes expériences, sur les effets d'une injection froide dans l'oreille, et sur l'influence d'un bruit soudain sur toutes les personnes faibles ou nerveuses ayant perdu leur contrôle sur la tendance aux mouvements réflexes, j'ai conclu que le nerf auditif a la puissance de produire par *action réflexe* des convulsions, du vertige, et d'autres symptômes de troubles de fonctions de l'encéphale. »

Quoi qu'il en soit de ces interprétations physiologiques, nous voulons rechercher si la pression exagérée du liquide de Cotugno peut déterminer des phénomènes analogues à ceux que produisait Flourens par l'irritation directe des canaux demi-circulaires. M. Cyon n'admet pas cette pathogénie. Ce physiologiste ouvre en plusieurs points les canaux osseux du labyrinthe, en laisse sortir le liquide de Cotugno; et, malgré le changement de pression survenu dans les parties molles de l'oreille par l'issue de la périlymphe, jamais il n'a pu constater aucun des phénomènes de Flourens au moment de l'expérience. Ce n'est que quelques jours après lorsque le sang et la suppuration ont envahi les canaux demi-circulaires, que les troubles d'équilibration apparaissent. Mais on peut objecter à cette expérience que l'action de l'air extérieur a pu neutraliser la tension de l'endolymphe, et que la titubation observée au moment de la suppuration peute être rattachée à la compression de tubes membraneux par la collection purulente. Mais en admettant que M. Cyon ait pu produire une augmentation de tension intralabyrinthique sans déterminer aucun trouble, il nous sera possible de trouver dans les faits cliniques, des arguments pour défendre l'interprétation pathogénique précédente du vertige. Qu'il nous suffise de rappeler le cas de ce malade atteint d'une perforation du tympan, chez qui la pression de la platine de l'étrier produisait des bourdonnements et une tendance au vertige. On sait qu'une injection, vigoureusement poussée dans le conduit auditif, ou une insufflation violente d'air par la trompe, produisent des étourdissements. Enfin nous espérons démontrer la présence de ce phénomène dans les affections auriculaires, où il existe une pression exagérée du liquide du labyrinthe.

Le séjour dans l'air comprimé produit rarement des vertiges chez l'individu sain ; soit que la compression se fasse d'une manière trop lente, soit que l'élasticité de la fenêtre ronde empêche l'excès de tension. L'énumération de quelques maladies du conduit auditif externe montre que la compression brusque de la membrane du tympan se traduit quelquefois par des troubles d'équilibration. Vieussens cite le cas d'une dame qui fut prise d'un vertige à la suite de l'introduction brusque d'une aiguille à tricoter dans l'oreille. Boyer guérit un épileptique par l'extraction d'une boule de verre logé dans le conduit auditif depuis de longues années. M. Tillaux rapporte le cas d'un jeune homme qui le jour où l'on courait le grand prix de Paris tombe subitement sur le champ de course, sans pouvoir s'expliquer la cause de cette chute subite, évidemment occasionnée par un bouchon de cérumen qui fut extrait ultérieurement par ce chirurgien. De Troeltsch raconte l'histoire d'un malade qui, à la sortie d'un cabaret, tombe subitement, reste privé de sentiment pendant un quart d'heure, attribuant cette chute aux nombreuses libations auxquelles il s'était livré. Cet homme est traité pour une congestion cérébrale par des médecins qui avaient méconnu la présence de deux bouchons céramineux comprenant les tympans et causant cet ensemble de symptômes assez effrayants. Ces erreurs de diagnostic sont fréquentes; l'observation suivante montre que les symptômes produits par une concrétion cérumineuse peuvent revêtir un caractère apoplectiforme.

OBSERVATION VIII (M. Gellé). Tribune médicale, 1874.

Otite chronique. — Bouchon de cérumen. — Ramollissement du tympan; menaces d'apoplexie. — Bourdonnements, vertiges. 25 décembre 1833.

H..., 50 ans; il est tourmenté par les menaces d'apoplexie tous les jours.

Depuis cette époque, bourdonnements à gauche; bon état général antérieurement; l'appréhension de l'attaque d'apoplexie, O. D : os, bien; air; 8 centimètres; otoscope : long et large claquement. Trompes libres, et ascension exagérée de l'endotoscope par le Politzer. Tympan excavé, se redressant pendant l'insufflation de l'air dans la caisse, et reprenant sa situation primitive immédiatement après le cathétérisme de la trompe. O. G : air; 20 cent. os; bien; bouchon de cérumen qu'on enlève et dont l'élimination fait entendre au malade la montre à 42 cent.

Nous ne trouvons rien de particulier à signaler au point de vue du sujet qui nous occupe, dans les différentes variétés d'inflammations du conduit auditif externe; ce n'est qu'à la fin des otites externes chroniques que les productions polypeuses peuvent amener une compression du tympan soit directement, soit en empêchant l'élimination du pus par le méat auditif. Toynbee rapporte, dans son Traité des maladies des oreilles, l'observation d'un ostéome du méat externe ayant déterminé la formation d'une collection épidermique comprimant le tympan.

La lecture de nombreuses observations sur les maladies de la trompe d'Eustache nous a montré la rareté relative du vertige dans les affections de ce conduit. Nous avons eu occasion d'observer, en 1874, dans le service de M. Millard, à l'hôpital Lariboisière, un malade présentant tous les symptômes de la maladie de Ménière et chez qui le cathétérisme de la trompe pratiqué par nous, tous les matins, pendant 15 jours, amena une diminution notable des troubles d'équilibration. Brunner cite l'observation d'un malade atteint de vertige *ab aura læsa*, chez qui il existait une imperméabilité de la trompe et un catarrhe chronique de l'oreille moyenne.

Nous avons vu que lorsque le tympan a perdu son élasticité, par suite de ramollissement, cette membrane est entraînée vers la partie interne de la caisse, soit par l'aspiration de l'air contenu dans la caisse pendant la déglutition, soit par la pression de l'air atmosphérique. Les observations suivantes montrent la relation des accidents vertigineux avec les mouvements de déglutition chez certains malades atteints de ramollissement du tympan, et font ressortir la difficulté du diagnostic de ces troubles, qui souvent à tort sont rattachés à une affection cérébrale.

Observation IX (M. Gellé).

Ramollissement du tympan et accidents subits de l'équilibration sous l'influence de la déglutition.

1er juin 1871. Homme, 51 ans. Sourd depuis longtemps ; cause peu nette ; écoulement autrefois à gauche, où il y a surdité : *os* et *air*. Il entend à peine avec un cornet, et s'il voit parler. N'a pas eu d'écoulement à droite.

Depuis six mois *sa bonne oreille*, la droite, est le siége de bourdonnements incessants ; bruit de soufflet, bruit de cascade, qui envahissent toute la tête, accompagnés de vertige, somnolence, lourdeur de tête, tendance à l'engourdissement des facultés cérébrales et de locomotion, menace de chute ; tournoiement avec sentiment de rotation, comme s'il tombait à terre.

Chose particulièrement signalée par le sujet : quand il avale, il lui arrive fréquemment d'entendre un claquement sec, sonore, brusque avec choc dans l'oreille droite ; alors les bourdonnements s'accroissent, le vertige est subit ; l'étourdissement, la sensation de tournoiement avec affaiblissement des jambes et tendance à s'abattre sur le sol, sont tout à coup portés au plus haut point ; les défaillances saisissent le patient et le paralysent : effet subit foudroyant et malheureusement assez fréquent.

Le malade très-intelligent, très-éclairé, est terrifié de ces crises dont il saisit nettement la corrélation avec les troubles subjectifs auriculaires.

L'examen de l'oreille droite donne : à la montre air, rien; os, rien. A l'otoscope, claquement court, sec à la déglutition. Rièn avec l'épreuve de Valsalva ou avec la douche d'acide Politzer.

Endotoscope : rien.

Vue. Le tympan droit offre un spectacle curieux : deux brides blanches mates, saillantes, à arête vive partant de chaque côté de l'apophyse externe du marteau, très-abaissée ; au-dessous de cette zone plane, tendue, qui diffère complètement par son étendue, sa forme, sa tension de l'aspect physiologique de la membrana flavida des auteurs, le tympan s'excave brusquement ; sa coloration est rosée ; le manche, vu en raccourci, sépare cette excavation en deux parties, véritables paniers de pigeons, triangle lumineux nul, aspect lisse général avec quelques reflets à la périphérie de la cloison. Je passe la sonde, j'insuffle ; aussitôt le tympan se redresse ; sa concavité disparaît ; il devient plan, transparent par places et opaque en d'autres ; les points transparents laissent voir le fond rose de la caisse. Le patient, dont l'ouïe n'a pas été améliorée, annonce un soulagement immédiat de ses vertiges et du bourdonnement.

Observation X.

Tintoin chronique. — Surdité ancienne. — Ramollissement lent des tympans. Vertige, chute à terre, tendance à tomber en avant (M. Gellé) Tribune médicale, 1874.

12 mai 1872. M. X., âgé de 47 ans, maigre, sec, nerveux, à mine fatiguée, cassé plus que son âge ne le comporte, vient me consulter pour une surdité droite et des bourdonnements incessants de ce côté ; il a depuis longtemps aussi une névralgie persistante du côté droit ; il pense que son oreille gauche est bonne ; or, elle est complètement sourde. L'appétit est excellent ; les forces sont bien diminuées, depuis le siége de Paris (1er siége), pendant la longue

durée duquel il a beaucoup souffert de privations, de soucis moraux ; il est très-impressionné des malheurs de la patrie, usé de veilles, de fatigues, ajoutées aux effets débilitants d'un régime insuffisant. Dans ces dispositions physiques et morales adviennent des vertiges, des éblouissements ; puis enfin une chute avec perte de connaissance a lieu, au moment où le malade se levait de son bureau pour sortir. Des maux de cœur, des vomissements très-abondants accompagnent l'évanouissement et durent toute la journée. Le malade annonce avoir eu à cette époque de l'engourdissement et une certaine faiblesse de tout le côté droit. Sa parole n'a jamais été atteinte ; la mémoire et toutes les facultés sont intactes ; il compose, comme auparavant, va et vient, sans éprouver autre chose que les vertiges et la tendance à tomber en avant Les bourdonnements n'existent qu'à droite, l'oreille droite est morte et silencieuse ; il n'y a pas eu de chute nouvelle. Le sujet est un homme énergique, travailleur, artiste compositeur de musique distingué, père de famille. Il n'a jamais èu de mal vénérien.

Le médecin qui m'envoie ce sujet le traite sans succès, depuis le début, pour une surdité d'origine cérébrale. Y a-t-il tumeur, hémorrhagie, ramollissement au niveau de la protubérance ?

Au contraire, les lésions auriculaires suffisent-elles à produire et à expliquer tout cet appareil symptomatique cérébral si alarmant ? Voilà toutes les questions qui se présentent.

Oreille droite : diapason entendu à 40 centimètres du méat ; montre entendue à 5 centimètres. Sur les os, audition nulle ou tout au moins douteuse. Epreuve objective (auscultation transauriculaire). Résultat nul.

A l'otoscope. Beau claquement gras avec sensation tactile sur mon tympan à l'aide de la seule déglutition.

A l'endotoscope : belle ascension, ample, franche.

A la vue. Le tympan droit est lisse, poli, d'une teinte bleu sombre, il est très-excavé ; le manche paraît en raccourci oblique, et son apophyse externe est basse et loin du cercle tympanal. Un beau triangle lumineux net, accusé Pas de vaisseaux, sécheresse générale.

La douche d'air n'ayant pas réussi, il est impossible de dire si la transparence est conservée ; cela est probable si l'on juge d'après la donnée de faits analogues. L'apparence extérieure de la membrane est toute en faveur de cette conclusion.

Oreille gauche. Diapason rien. Montre rien : collée au méat auditif, audition nulle. Sur les os néant. Le diapason donne un résultat fort douteux.

Epreuve objective donne un succès entier ; la comparaison avec le côté droit confirme les deux données opposées.

A l'otoscope. Bel effet, peut-être moins ample qu'à droite ; beau claquement à la déglutition.

A la vue. Même aspect que du côté droit, peut-être excavation plus profonde. La cavité est partielle.

Diagnostic : ramollissement du tympan, compression du labyrinthe, d'où origine probable du trouble d'équilibration.

Traitement : douche d'air.

Observation XI. (M. Gellé).

Délire ab aure læsa

J..., gros garçon de 5 ans, va à l'école assez loin de son logis par les neiges de janvier. Il rentre malade, vomit et une fièvre assez intense s'empare de lui. Début brusque et violent. Le deuxième jour je suis appelé ; la chaleur fébrile est énorme ; je fais voir l'enfant qui me reconnaît ; j'examine sa gorge sans qu'il résiste, sa face est vultueuse, colorée, il boit et vomit ; constipation, plaintes, insomnie totale. J'ausculte et je trouve un souffle tubaire au sommet droit avec matité ; pas de râles nulle part, peu d'oppression, pas de toux, pas de crachats.

Fumigations auprès du lit de l'enfant, potion digitale stibiée, vésicatoire sur l'épaule droite trois heures, boissons *ad libitum*.

Troisième jour. La nuit a été terrible, l'agitation a été continuelle. Le matin, cependant, une fois le vésicatoire pansé, je puis constater une diminution évidente de fièvre, et une détente générale dans les symptômes. L'enfant ne vomit plus, la soif est vive.

Le quatrième jour, l'état pulmonaire est certainement meilleur le matin, et je pense à une résolution prochaine de la pneumonie, Mais la nuit est mauvaise ; l'agitation, les cris revenant par moments, le délire complet avec assoupissement ; crises de pleurs ou mieux de plaintes, de cris ; l'enfant cherche à fuir de son lit. Il n'est calmé un peu que dans les bras de sa mère ; la fièvre est intense.

La mère, femme énergique et intelligente, est surtout effrayée de ces crises incessantes, de ce délire, avec excitation, pleurs, cris douleurs, plaintes ; l'enfant est incapable de dire où il a mal :

il a mal à la tête et au ventre. J'assiste le cinquième jour à une crise, et l'idée de méningite vient me heurter l'esprit. L'enfant s'agite, sa face rougit, il cherche à sortir de son lit comme poussé par une peur ; il crie et ce sont bien des cris de souffrance et sa figure exprime bien aussi sa souffrance. La voix de sa mère le calme ; il paraît s'assoupir, quelques moments après le paroxysme se répète. Le petit malade se cramponne à sa mère comme dans la crainte de tomber, comme s'il était pris de vertige ; il a peur, puis il pousse des plaintes, tantôt exprimant la crainte, tantôt la douleur.

Les signes locaux de la pneumonie ont disparu.

Traitement. — Calomel et opium à doses réfractées, potion au bromure de potassium la nuit ; continuer les fumigations, vésicatoire derrière chaque oreille sur l'apophyse mastoïde ; chaque matin la fièvre est faible, le malade de plus en plus calme. Aussitôt que la nuit vient les *crises de douleur* reparaissent. Je préviens la famille de surveiller la venue d'un écoulement d'oreille, que j'attends comme annonce de soulagement pour le malade.

Neuvième jour. Lavements au sulfate de quinine ordonnés dans l'idée d'une fièvre remittente catarrhale n'ont rien produit, même nuit de crises, d'agitation et de douleurs. Les vésicatoires ont bien pris ; ce matin le sujet, plus éveillé, montre les côtés de sa tête comme siége de son mal ; selle abondante.

Le dixième jour, agitation, crainte de tomber ; le matin au lever *écoulement abondant de sérosité purulente par l'oreille droite.*

L'enfant cause, reconnaît, a dormi deux heures ce matin sans crise, c'est la première fois depuis six jours et six nuits. La montre est entendue sur la base frontale droite, et un peu collée à l'orifice du méat. La douleur a disparu ; les traits de l'enfant l'annoncent comme ses paroles ; selles abondantes, sueurs.

Le onzième jour, l'amélioration est évidente. Le sommeil a été assez calme dans la nuit, il n'y a plus de crises. L'écoulement est abondant. Cependant le redoublement fébrile nocturne n'est pas entièrement disparu et j'en conclus que l'oreille gauche est aussi en travail de suppuration. Cependant c'est le dix-huitième jour que l'écoulement apparaît de ce côté.

Dès lors convalescence rapide et franche.

Les *tympans* examinés un mois après cette maladie grave offraient à la vue des cicatrices arrondies, ponctuées, déprimées en godet, plus blanches que le fond gris sale et mat de la cloison non encore revenue à son état normal, et restée opaque et plane.

Cependant l'audition est excellente par la voie osseuse, mais le petit enfant n'entend encore qu'à 4 ou 5 centimètres par la voie habituelle : celle de l'air.

Sous l'influence de certaines phlegmasies, comme la pneumonie, la rougeole, la fièvre typhoïde, principalement chez les enfants, la muqueuse de la caisse du tympan peut quelquefois devenir le siége d'une injection intense, et sécréter un liquide purulent dont la pression sur la paroi labyrinthique de la cavité tympanique détermine une série de symptômes qui jettent quelque trouble dans l'esprit du médecin, non prévenu de la possibilité de ces faits. M. Gellé a donné une excellente description de ces symptômes éprouvés par l'enfant, et il les a groupés sous le nom de *delire ab aure læsa*. « Avant, dit-il, que le tympan ulcéré ne cède et ne livre passage aux sécrétions accumulées et à la muqueuse elle-même, l'effort compressif a lieu sur la paroi interne où viennent s'ouvrir les fenêtres du labyrinthe : de là une compression énorme subie par ces délicats organes, de là une vive douleur et les phénomènes subjectifs qui caractérisent le *delire ab aure læsa* ; de là ces crises nocturnes, ces cris de l'enfant qui se cramponne, qui se sauve avec les signes de peur, obéissant aux sensations subjectives alors que le délire le rend insensible aux sensations du dehors. »

Nous devons rappeler les troubles vasculaires de l'oreille consécutifs à la lésion des racines du trijumeau, observées récemment par MM. Duval et Laborde. Ces expériences intéressantes nous expliquent certaines congestions de l'oreille avec bourdonnements, à la suite de violentes névralgies dentaires qui determinent aussi par action réflexe de l'amblyopie passagère.

La rétention du pus dans la cavité tympanique peut produire des phénomènes graves comme la perte de connaissance, qui disparaissent par la perforation du tympan, ou réapparaissent lorsque la cicatrice de la membrane tympanique empêche l'élimination de la sécrétion purulente. C'est enfin par le mécanisme que nous avons si souvent invoqué que les polypes de la caisse provoquent l'apparition d'accidents vertigineux.

Observation XIII (Recueillie dans le service de M. Tillaux).

2 juillet 1876. J. B., 30 ans, cordonnier. Cet homme, à la suite d'un bâillement, éprouve tout à coup une vive douleur dans l'oreille et perd connaissance pendant près de huit heures. Trois ou quatre jours après cet accident l'oreille suppure, et l'écoulement du pus amène un soulagement et une amélioration de l'acuité auditive.

Etat actuel. — Ecoulement du pus par l'oreille gauche, tympan rouge avec dépression sous-ombilicale résultant d'une perforation aujourd'hui cicatrisée.

Observation XIV (M. Gellé). Résumée).

Otorrhée datant de 22 ans. — Ni tympan ni osselet. — Fongosités pulsatiles de la caisse. — Vertiges et chutes fréquentes avec perte de connaissance.

19 janvier 1879. H..., 42 ans, cordonnier, a un écoulement d'oreille depuis 1848. Depuis deux mois, sans cause connue, soudain il est pris de vertiges, la tête lui tourne, sans douleur ni bourdonnement; perte de connaissance, chute. Cela dure peu : rapidement il revient à lui et à son travail. Depuis plusieurs jours, même crise.

Examen : Oreille gauche : montre entendue au contact des os du crâne ; acuité auditive : 6 cent.; pus abondant fétide dans le conduit auditif, sensation de battements rhythmiques, correspondant aux pulsations des vaisseaux, qu'il est facile d'observer avec la lampe. Après un lavage on constate un lambeau du tympan rouge, fongueux, inégal, plissé, cachant la partie supérieure de la caisse, au fond de laquelle on peut voir la muqueuse boursouflée et soulevée par des battements artériels intermittents. Le pus enlevé avec un peu de coton, on peut apercevoir faisant hernie hors du cadre tympanal des fongosités polypeuses, d'aspect framboisé. Parmi les saillies que recouvre déjà une couche visqueuse et pulsatile de muco-pus dans le temps qu'on les étudie, il en est une beaucoup plus large, *qui répond à l'étrier* qu'elle englobe et qu'elle cache (l'étrier existe sûrement puisqu'il y a audition). Cautérisation au perchlorure de fer tous les deux jours.

Le 23. La surface est rosée et non plus fongueuse ; les troubles épileptiformes n'ont pas reparu

11 février. A la suite de cautérisations variées ; la surface rosée a fait place à une surface cicatrisée d'un gris mat, ayant toujours une proéminence au niveau de l'étrier et de la fenêtre ovale. Un régime tonique a réparé les forces du malade, les accidents nerveux et les vertiges n'ont plus reparu ; l'oreille n'a rien gagné comme finesse de l'ouïe, mais les poussées congestives n'ayant plus de cause ne se sont plus reproduites.

Dans l'otite chronique sclérémateuse, les malades se plaignent ordinairement d'une fièvre cérébrale, d'une inaptitude au travail ; mais, sous l'influence de toute cause pouvant congestionner la tête, la ménopause, l'émotion, etc., ces mêmes malades sont pris tout à coup d'éblouissements et de vertiges.

Observation XV (Recueillie dans le service de M. Tillaux).

25 avril 1875. Pl... (Ernest), 49 ans. Depuis deux ans cet homme a des bourdonnements d'oreilles, des étourdissements, et par moment il marche comme une personne ivre. Le malade se rappelle exactement le jour (6 décembre 1873) du début de son affection, car il fit à ce moment une chute qui lui fit garder la chambre pendant trois jours.

C'est alors qu'étant sorti pour aller consulter son médecin, il pouvait à peine faire quelques pas dans la rue, s'appuyant contre les maisons, faisant deux pas en avant deux pas en arrière, et se sentant toujours menacé d'une chute imminente. Les bourdonnements étaient plus intenses au moment des accidents vertigineux.

Il est soigné pendant quelque temps à la Pitié où on lui applique des cautères aux apophyses mastoïdes.

Etat actuel. — Bruissements, bourdonnements d'oreille, étourdissements plus rares, sans chute, le malade est plus sûr de ses mouvements; inaptitude au travail, diminution d'intelligence. Entend la montre à 15 centimètres ; trompes libres ; conduits auditifs rectilignes, tympan visible sans spéculum ; manche du marteau oblique ou en raccourci.

Diagnostic : Otite sèche double, sclérose des caisses.

OBSERVATION XVI (Recueillie dans le service de M. Tillaux).

21 février 1875. M... (Joseph), 35 ans. Vertige sans chute ; bourdonnements, surdité, vomissements avec tendance à la rotation.

Depuis un an ce malade a des vertiges ; l'oreille droite présente : manche du marteau oblique, triangle lamineux isocèle, apophyse externe saillante d'où rétraction du tympan et pression anomale de l'étrier par sa fenêtre ovale.

Nous avons jusqu'à présent rattaché le vertige auriculaire à un excès de tension intra-labyrinthique, causé par une affection de l'appareil de transmission des ondes sonores ; il nous reste à rechercher dans l'appareil de réception de l'ouïe les causes de ce phénomène.

Et d'abord la pathologie expérimentale peut-elle réaliser cette exagération de tension intra-labyrinthique avec les symptômes qui en découlent et nous guider dans l'interprétation des phénomènes fournis par l'observation clinique ? Sans vouloir donner à ce sujet une affirmation qui serait au moins prématurée, nous pensons que les faits expérimentaux suivants peuvent contribuer à éclairer la pathogénie si obscure de certains symptômes de la maladie de Ménière.

Dans l'expérience suivante faite par notre excellent ami M. Peton, nous voyons à la suite de la section du sympathique cervical et du grand nerf auriculaire du plexus cervical chez un lapin, des phénomènes analogues à ceux décrits par Flourens se développer après quarante-huit heures, sous l'influence d'un épanchement purulent dans l'oreille interne de l'animal. Dans une autre expérimentation qui nous est personnelle, la piqûre de la moelle cervicale d'un cobaye détermina, outre la dilatation des vaisseaux de l'oreille, un trouble particulier des mouvements de l'animal.

Expérience faite par M. Péton, au laboratoire de physiologie de M. Béclard.

Lapin blanc auquel on a coupé aujourd'hui (10 mars 1878) le grand sympathique et le nerf auriculaire du plexus cervical.

4 h. 45. Injection de 2 centimètres cubes d'une solution d'ergotine Bonjean représentant 1 gr. de cette ergotine. Cette injection est faite entre les deux oreilles, un peu plus près de la droite. Avant l'injection, vascularisation plus considérable et contraction de la pupille droite constatées nettement.

5 h. La vascularisation a nettement diminué de ce côté.

5 h. 1/2. L'oreille est complètement anémiée.

Dimanche 11, au matin. Rien de particulier ; mais le soir l'animal est couché sur le côté droit.

Lundi matin. L'animal est toujours couché sur le côté droit, et lorsqu'il remue et veut marcher il retombe toujours sur le même côté. Oreille droite vascularisée ; conjonctive droite rouge, cornée terne, comme desséchée. L'interprétation des troubles de l'équilibration présentés par l'animal était obscure ; une lésion des pédoncules ou du bulbe était présumable, mais l'autopsie pratiquée le lundi à 5 heures par M. Gellé permet de constater un épanchement purulent dans l'oreille interne.

Expérience du 19 mars 1878 (personnelle).

9 heures soir. Expérience faite sur un cobaye.

Section au bistouri des parties molles jusqu'à la septième vertèbre cervicale, coup de bistouri avec intention d'atteindre la moelle ; même opération avec une épingle et dans le même but.

9 heures 1/3. Animal mis en liberté se traîne sur le train postérieur, train antérieur sain, sensibilité émoussée aux pattes postérieures. L'examen ophthalmoscopique ne permet de constater aucun trouble dans le fond de l'œil; la papille, blanche et circulaire comme un pain à cacheter blanc, apparaît sur la choroïde légèrement pigmentée. Il est impossible de constater les vaisseaux du nerf optique.

10 heures. Parésie du train postérieur, patte postérieure gauche est plus paralysée que la droite ; l'animal en courant la traine sur la face dorsale. Oreille gauche beaucoup plus rouge et plus chaude que l'oreille droite, pas de différence de température entre les deux pattes antérieures.

11 heures 1/2. Aucun trouble vasculaire du côté de l'œil, l'oreille gauche est toujours fortement congestionnée, l'animal tourne du côté paralysé.

20 mars. Même phénomène que la veille.

30 mars. La plaie du cou est cicatrisée ; la rougeur de l'oreille ne paraît plus, et il n'existe qu'une très-légère parésie du membre postérieur gauche. L'autopsie ne permet pas de constater des lésions manifestes dans l'oreille droite.

Dans ces deux expériences, on a coupé les nerfs vaso-moteurs de l'oreille qui proviennent soit du grand sympathique, soit de la portion cervicale de la moelle. Or, on sait que la section de ces nerfs augmente la pression sanguine et détermine une suractivité de la circulation des tissus, qui peuvent devenir le siége d'une congestion considérable. Quoique cette dernière altération morbide soit exceptionnelle, il nous sera peut-être permis de rattacher l'épanchement purulent de l'oreille observé dans l'expérience I à un trouble nutritif consécutif à la paralysie des nerfs vaso-moteurs du labyrinthe. Cette hyperémie de l'oreille, produite par la section du grand sympathique, peut nous donner une explication vraisemblable, sinon certaine, des symptômes de la maladie de Ménière, survenant chez des sujets nerveux, émotifs, sous l'influence de congestions passagères de la tête.

Devons-nous invoquer la même hypothèse pour expliquer les raptus sanguins observés dans les rares examens anatomo-pathologiques du vertige *ab aure læsa;* ou bien, assimilant le labyrinthe à une cavité séreuse, devons-nous admettre que les parois de cette cavité ayant subi une dégénérescence fibreuse par une compression lente de l'étrier, présentent un lacis de capillaires qui se rompent au moindre choc, à la moindre émotion, et produisent subitement la trilogie symptomatique : le bourdonnement, le vertige, la surdité. Nous pensons que dans la pathogénie du mal de Ménière, due à une hémorrhagie du labyrinthe, il faut tenir compte de deux facteurs : d'une part, la lésion primordiale ou dégénérescence des parties membraneuses de l'oreille interne; d'autre part, une congestion subite produite par un trouble circulatoire d'origine diverse. La production subite d'une hémorrhagie ou d'une congestion intense du labyrinthe entraîne un excès de pression dans la cavité close renfermant les ramifications du nerf auditif. Voici la série des phénomènes observés par Ménière :

Un individu, au milieu de la santé la plus parfaite, est pris d'étourdissements, de vertige, céphalalgie, et tombe sans connaissance. La face est pâle, le front baigné de sueurs, la peau froide; bientôt des nausées, des vomissements, viennent terminer cet accès.

Le malade a repris connaissance, mais sa démarche est mal assurée; il voit les objets tourner autour de lui; il lui semble que le sol se dérobe sous ses pieds. Le malade croit quelquefois aux mouvements illusoires qui l'entourent; tantôt il est entraîné en avant, tantôt il tombe sur le côté ou exécute des mouvements autour de l'axe du corps.

Pendant ce temps, le malade s'aperçoit que son ouïe faiblit; il entend des bruits étranges, d'une intensité excessive, qu'il compare au sifflement du chemin de fer, etc.; puis au bout d'un temps variable ces phénomènes disparaissent pour se reproduire dans une nouvelle attaque qui réapparaîtra d'une façon soudaine ou sera précédée de recrudescence de bourdonnements, qui sont les avant-coureurs de l'accès. Quelquefois les accès se répètent d'une façon continue et deviennent pour ainsi dire subintrants.

La prédominance d'un des symptômes de cette affection pourrait faire méconnaître la nature de la maladie; mais l'analyse de la trilogie symptomatique : bourdonnements, surdité, vertige, rendra difficile une erreur de diagnostic.

Suivant Jackson et Ferrier, la relation qui existe entre le nerf auditif et le nerf pneumogastrique dans la moelle, explique la coïncidence du vertige et des vomissements, et la difficulté de rattacher ces symptômes à leur cause réelle. Trousseau établit dans ses *Leçons cliniques* les caractères du vertige à *stomacho læso* et du vertige *ab aura læsa*. « Les malades atteints de la première affection, dit-il, pendant les intervalles des vertiges, se plaignent de douleurs d'estomac violentes surtout après l'ingestion des aliments; la pression les exagère en les faisant se propager jusque dans le dos; c'est un sentiment de pesanteur, c'est une crampe, une douleur aiguë irradiant dans le thorax, l'abdomen ou les autres parties du corps; ce sont des flatuosités, des vomissements glaireux; c'est, en un mot, un ensemble de symptômes qu'on ne rencontre pas dans la maladie de Ménière.

La congestion cérébrale se distingue par l'aspect vultueux de l'apoplectique, la difficulté qu'a le malade à reprendre connaissance, et enfin l'intensité moindre des bourdonnements et de la surdité.

Dans l'hémorrhagie de la protubérance, il y a une certaine période qui varie de quelques minutes à quelques heures, pendant laquelle le malade a une tendance à la rotation, et présente une déviation des yeux du côté paralysé.

Le vertige épileptique ne saurait être confondu avec le vertige *ab aure læsa.* Dans l'épilepsie il y a un aura, des bourdonnements d'oreille moins intenses, et enfin la surdité n'acquiert jamais de développement avec la série des accès.

Le délire auriculaire décrit par M. Gellé pourrait être confondu avec la méningite. Ce délire se présente par paroxysmes, surtout la nuit; alors l'enfant s'agite, a peur; il veut sortir de son lit, puis au bout de vingt-quatre heures il se lève; il chancelle et souvent a une surdité complète.

On reconnaîtra la méningite au trismus, à la marche de la température et à l'évolution de la maladie.

Observation XVII.

(Recueillie dans le service de M. Tillaux. Hôpital Lariboisière, 1er juillet 1876.)

1er juillet 1876. Il y a trente-cinq ans, cet homme prend un bain froid à la suite duquel l'oreille droite devient sourde.

Depuis cette époque le malade a éprouvé de temps en temps des vertiges, des éblouissements avec chute. Mais tous ces symptômes ont disparu lorsque la surdité a été absolue.

Oreille droite : Intégrité du tympan, de la caisse et de la trompe.

Perception cranienne : nulle.

Oreille gauche : Rétraction de la membrane du tympan.

Observation XVIII (service de M. Tillaux).

C... (Amélie), 31 ans. Cette femme a eu une insolation il y a environ deux mois, étourdissement et surdité apparaissent alors subitement.

Le malade ne perçoit pas la parole même avec le cornet acoustique ; n'entend pas le diapason appliqué sur le front. Les tympans sont parfaitement sains, caisse du tympan également sans lésion.

Diagnostic : lésion probable de l'oreille interne : épanchement sanguin ayant amené une augmentation de tension intra-labyrinthique.

Observation XVIII.

(M. Ladreit de Lacharrière. Annales des maladies de l'oreille, 1874.)
Maladie de Ménière. — Guérison.

21 mars 1875. M. X..., venant d'Alençon pour réclamer mes soins. Depuis longtemps il était sourd de l'oreille droite ; mais cette infirmité ne l'avait pas empêché d'exercer jusqu'au moment de sa retraite ses fonctions administratives. Dans les premiers jours il avait été pris subitement de bourdonnements musicaux les plus pénibles, de vertiges et de vomissements.

Après quelques jours passés au lit, durant lesquels une médication dérivative avait été instituée, les vertiges avaient beaucoup diminué, les envies de vomir avaient cessé ; mais la surdité était complète. M. X... n'aurait pas osé faire quelques pas sans sa canne ; il se plaignait de bourdonnements musicaux les plus pénibles ; la surdité était absolue ; il ne percevait aucun son, même avec le secours d'un cornet acoustique. O. D : tympan louche comme chez les vieillards, mais néanmoins sain. Mouche de Milan en arrière de la tête, et iodure de potassium. Ce traitement devait être interrompu et repris pendant plusieurs mois.

En juillet M. X... revient à Paris, démarche plus assurée ; le vertige avait à peu près cessé ; bourdonnements étaient tolérables ; la sonnerie de ma montre entendue au contact de l'oreille.

En octobre, amélioration. Iodure de potassium et pommade à la strychnine.

Au bout de quelques jours, M. X... entend suffisamment pour qu'il soit possible de causer avec lui, en parlant d'une voix lente et élevée. Je n'ai pas revu le malade depuis ; mais il m'a écrit que son état continue à s'améliorer.

Le pronostic de la maladie de Ménière est très-grave au point de vue de la fonction auditive. La surdité, d'abord légère, s'aggrave avec le nombre des attaques et devient le plus souvent irremédiable. Bien que la dysécée soit la conséquence ordinairement fatale de la maladie de Ménière, l'observation XIX prouve, croyons-nous, qu'on ne doit pas conclure à l'incurabilité absolue de cette affection.

SURDITÉ.

La physiologie et la pathologie nous montrent qu la pression exagérée du liquide labyrinthique produit la surdité. C'est un fait qu'on peut vérifier pendant le séjour de l'air comprimé et par l'expérience suivante de M. Gellé. Il suffit d'introduire dans le conduit auditif externe un tube en caoutchouc dont on comprime l'air renfermé dans sa cavité, à l'aide des mors d'une pince à pansement. Au début de l'expérience, il y a renforcement du bruit de la montre appliquée sur le tube de caoutchouc, car l'air comprimé est meilleur conducteur du son. Mais si l'on rapproche de plus en plus la pince du méat auditif, l'air condensé exerce une pression exagérée sur le tympan, par suite sur le liquide de Cotugno, et la montre est entendue plus difficilement.

Cette corrélation entre l'excès de pression intra-labyrinthique et la surdité, nous permet de comprendre l'intermittence ou la marche progressive de cette affection, suivant que la compression du liquide de l'oreille interne sera temporaire ou permanente.

De même que la décompression graduelle de l'air introduit dans une cloche à plongeur rétablit l'ouïe de la personne qui, par la condensation de l'air, avait perdu son acuité auditive, de même dans les différentes affections de l'oreille, nous verrons la surdité présenter des intermittences ou une évolution progressive suivant la brièveté ou la continuité de l'exagération de la pression endo labyrinthique.

On voit fréquemment une surdité légère apparaître avec un catarrhe de la trompe, et disparaître lorsque la perméabilité de ce conduit est rétablie. Dans les inflammations chroniques de la caisse, la production d'une collection purulente suffit pour amener une diminution de l'ouïe, qui se trouve très-améliorée par une perforation spontanée ou chirurgicale du tympan. Cette perforation du tympan vient-elle à se cicatriser, le compression des fenêtres du labyrinthe par l'épanchement purulent entraîne une nouvelle dysécée. Nous devons aussi signaler l'intermittence de la surdité dans les spasmes du muscle interne du marteau, et les congestions passagères du labyrinthe.

Dans toutes les maladies où il existe un refoulement graduel de l'étrier dans la fenêtre ovale, la surdité suit une marche progressive. L'otite scléromateuse nous permet d'observer l'évolution de cette surdité, qui, d'abord légère, peut au début être améliorée par le cathétérisme de la trompe, ou l'aspiration du spéculum pneumatique, mais qui ultérieurement devient définitive et irrémédiable.

La surdité peut aussi avoir un début subit, lorsqu'un choc, comme une détonation d'arme a feu, vient déterminer une compression soudaine du liquide labyrinthique et une irritation du nerf acoustique. La surdité douloureuse observée dans certaines paralysies du nerf facial ne reconnaît pas une autre cause.

Le degré de la surdité est sous la dépendance des lésions plus ou moins étendues des parties fondamentales de l'appareil auditif, et varie suivant que les altérations morbides portent sur les canaux demi-circulaires ou le limaçon. Les expériences de Flourens ont démontré que la section des rameaux nerveux qui se rendent aux canaux demi-circulaires ne détruit l'ouïe qu'incomplètement; tandis que le même traumatisme des nerfs du limaçon amènent une dysécée absolue. De même que dans le glaucome, l'exagération de la tension endo-oculaire produit, au début, un retrécissement du champ visuel portant sur le côté interne ou nasal de la rétine, de même une exagération de la tension intra-labyrinthique, peut déterminer une paralysie de certains sons? « On sait, dit M. Gavarret, que la lame membraneuse est composée de fibres radiales qui peuvent être comparées à un système de cordes tendues entre leurs extrémités et rattachées les unes aux autres par des adhésions latérales, dont la solidité ne dépasse pas le degré nécessaire pour soutenir la pression du liquide du limaçon contre ces fibres. Sous l'influence des variations périodiques de pression du liquide de sa rampe vestibulaire, chacune de ces fibres radicales vibre comme si elle était complètement indépendante des fibres voisines. Il résulte de ces dispositions anatomiques que, lorsqu'un système d'ondes sonores est transmis à l'oreille, la membrane basilaire vibre par influence, mais seulement dans la région où le son propre de ces fibres radicales se rapproche le plus du son excitateur. Ce sont donc les régions de la membrane basilaire situées dans le voisinage de la fenêtre ronde qui vibrent à l'unisson des sons aigus, et les régions voisines de la coupole du limaçon qui répondent, par influence, à l'appel des sons graves. ».

Dès lors, on peut comprendre comment la compression lente ou subite du liquide labyrinthique peut produire dans la perception des sons des lacunes correspondant à des altérations d'un certain nombre de fibres radicales. Qu'une hémorrhagie dans l'oreille interne porte surtout sur les fibres voisines de la fenêtre ronde la perception des sons aigus sera anéantie, ou qu'un certain groupe de fibres de Corti soit atrophié ou tuméfié par un exsudat, il ne pourra plus vibrer à l'unisson, et de ce manque d'accord résultera la perception fausse de certains sons.

Le pronostic de la surdité varie suivant la cause qui la produit. Tandis que la plupart des affections du conduit auditif externe et de la trompe d'Eustache ne produisent pas de troubles très-sérieux du côté de l'ouïe, certaines affections chroniques de la caisse, l'otite sclérémateuse, par exemple, déterminent, si on n'y porte remède, une dysécée incurable qui n'est pas sans analogie avec la cécité du glaucome. Dans la maladie de Ménière la surdité est le plus souvent incurable et augmente de gravité avec le nombre des attaques.

La surdité étant une conséquence fatale d'un excès

lent de pressionintra-labyrinthique, il est d'une extrême importance en clinique de reconnaître cette forme de dysécée. Les questions suivantes se présentent le plus souvent à l'esprit du clinicien : La surdité est-elle due à une lésion du labyrinthe ou de la caisse ; ou bien l'affection labyrinthique est-elle secondaire à une affection de l'oreille moyenne.

D'une manière générale, la surdité dépend d'une lésion labyrinthique, lorsque la perception crânienne des ondes sonores est perdue, ou lorsqu'un courant galvanique ne peut pas développer de sensations subjectives de l'ouïe. Lorsque la dysécée est incomplète, le défaut de perception d'un certain nombre de sons peut quelquefois être un élément de diagnostic.

Dans l'otite sclérémateuse qui est l'affection la plus facilement confondue avec la précédente, la dysécée présente des caractères particuliers que l'exploration attentive de l'oreille permet de constater. Le diapason appliqué sur le vertex est mieux entendu du côté affecté ; la durée de l'écoulement des ondes sonores, perçue avec l'otoscope à trois branches, est moins considérable que du côté sain ; le tympan est concave, ou adhérent à la paroi interne de la caisse. Pour s'assurer de l'intégrité des fenêtres ronde et ovale, on aura recours à l'emploi du spéculum pneumatique dont on appréciera l'influence sur la surdité. M. Bing a voulu préciser le diagnostic malheureusement si difficile de la sclérose des fenêtres ovales ou ronde. Suivant cet auteur, on pourrait diagnostiquer la mobilité de l'étrier dans la fenêtre ovale, à l'aide d'un tube appliqué sur le pavillon de la trompe d'Eustache, et dans lequel on fait pénétrer les ondes sonores qui, venant frapper l'osselet, permettent d'en reconnaître son adhérence ou sa mobilité. Si ce mode d'exploration était mathématiquement certain, les indications ou les contre-indications de la paracentèse du tympan deviendraient plus précises; mais rien ne prouve que dans ce procédé d'exploration précédent, la transmission du son au labyrinthe ne puisse suivre l'une des parois de la trompe. Nous devons signaler également la coïncidence possible de la surdité hystérique, observée et décrite dans ces derniers temps par M. Gellé. Mais la présence de l'hémianesthésie, l'amélioration de cette forme de dysécée par l'application de métaux différents suivant les sujets, les phénomènes transitoires de transfert, récemment signalés par M. Gellé, feront diagnostiquer la surdité hystérique.

Après la description des différents phénomènes que nous avons cru devoir attribuer à un excès de pression intra-labyrinthique, il nous resterait à rechercher pourquoi la même cause produit tantôt le bourdonnement, tantôt la surdité, tantôt le vertige, ou la réunion de ces trois symptômes. La surdité est certainement l'accident le plus fréquent de l'excès de pression du liquide labyrinthique. Cette fréquence de la perte de l'ouïe trouve peut-être son explication dans la paralysie du nerf auditif produite par la compression des dernières ramifications nerveuses entre les arcs de Corti, sous l'influence d'un léger excès de pression intra-labyrinthique. Une irritation plus considérable des mêmes éléments nerveux qui baignent dans l'endolymphe produirait le bourdonnement d'oreille en un même temps que la surdité.

Une compression générale de toutes les parties molles

de l'oreille interne, produite par un épanchement sanguin dans la cavité labyrinthique, provoquerait l'apparition des trois symptômes : surdité, bourdonnement, vertige.

Parallèle de l'excès de tension intra-labyrinthique et intra-oculaire.

Au début de ce travail, lorsque nous avons fait un parallèle des maladies oculaires et auriculaires, nous nous sommes proposé de rechercher si les analogies de la tension physiologique de l'œil et de l'oreille, si la comparaison des variations pathologiques de cette tension dans les deux organes, nous donneraient une explication des différentes formes du glaucome auriculaire. Au point de vue physiologique, la similitude est frappante : la pression endo-oculaire est en rapport avec la sclérotique, comparable à la fenêtre ronde, avec la tension vasculaire dont elle subit immédiatement les variations ; enfin elle dépend aussi de l'action de certains nerfs, comme le grand sympathique et le trijumeau.

Nous croyons avoir démontré par l'étude prolongée des causes de l'exagération de la pression intra-labyrinthique, que le glaucome auriculaire était presque toujours consécutif aux nombreuses maladies de l'appareil de transmission de l'ouïe.

En ophthalmologie, ne voyons-nous pas aussi le glaucome se développer le plus souvent à la suite des maladies de la cornée, du cristallin et de la rétine. Ici ce sont les kératites diffuses ou en bandelettes, les synéchies postérieures de l'iris, les luxations du cristallin qui provoquent l'apparition de phénomènes glaucomateux ; là c'est un ramollissement du tympan, une synéchie de cette membrane à la paroi interne de la caisse, une luxation des osselets, consécutifs à une rétraction du muscle tenseur du marteau, qui produisent des résultats analogues. Les glaucomes sont donc, d'une manière générale, le plus souvent secondaires.

Néanmoins l'exagération de tension des liquides de l'œil peut être primitive, et les accidents glaucomateux se développer d'une manière brusque ou lente. Après avoir accusé certains symptômes prodromiques caractéristiques, tels que l'hypermétropie, l'apparition d'anneaux irisés autour d'une flamme, une certaine amblyopie passagère, le malade atteint de glaucome aigu foudroyant se plaint de sensations lumineuses subjectives, d'une cécité presque complète, en même temps que de douleurs extrêmement vives autour de l'œil. Quelquefois ces phénomènes disparaissent au bout de quelques jours, mais le plus souvent une rechute détermine la perte de l'œil, à moins qu'une intervention chirurgicale ne vienne arrêter le progrès du mal. Dans l'otite aiguë interne, les malades se plaignent de sensations subjectives de l'ouïe, d'accidents vertigineux, et enfin de surdité plus ou moins grave.

La tension endo-oculaire et endo labyrinthique peut aussi être accrue subitement par des hémorrhagies dont la pathogénie mérite d'être étudiée. Les recherches de MM. Liouville et Poncet de Cluny ont démontré dans le glaucome hémorrhagique, les anévrismes des vaisseaux rétiniens et une atrophie de la couche chorio-papillaire de la choroïde. Par suite des lésions capillaires anévrysmatiques, et de l'artério-sclérose avec rétrécissement de lumière des gros vaisseaux, la circulation est ralentie, et la transformation fibreuse de la rétine et de la choroïde ne font qu'ajouter une gêne à la circulation. Sous l'influence de tous ces obstacles apportés à la circulation artérielle, surviennent d'une part la thrombose des veines, d'autre part une exsudation séreuse qui exagère la tension intra-oculaire. Le glaucome hémorrhagique peut être précédé d'une amblyopie incomplète avec lacunes irrégulières du champ visuel, puis il s'annonce par des douleurs circumorbitaires, et une cécité presque absolue due à des épanchements sous-rétiniens. Il peut se faire que la première attaque de glaucome s'amende, et que le malade conserve encore un certain degré de vision (Panas). Mais il faut toujours craindre le retour des accidents qui aboutiront quoi qu'on fasse, à la perte absolue de l'œil. La maladie de Ménière est due à une hémorrhagie dont la pathogénie peut être vraisemblablement comparée à celle du glaucome hémorrhagique, et présente une marche analogue à celle de cette affection oculaire. La première attaque peut ne pas déterminer la perte totale de l'ouïe, mais une rechute occasionnée par diverses causes amenant la congestion céphalique, produit une aggravation de la maladie, et souvent une dysécée absolue. Nous citons plus loin, à l'appui du parallèle de ces deux affections, une observation de Knapp constatant chez un malade la coexistence de la maladie de Ménière, et d'une irido-choroïdite aiguë, accompagnée d'exsudation albumineuse dans les milieux de l'œil.

Dans le mal de Bright, ne voyons-nous pas aussi une évolution semblable des troubles de l'ouïe et de la vision. D'un côté, ce sont les bourdonnements, de l'autre l'amblyopie, qui accompagnent ou précédent l'anasarque, qui présentent les mêmes intermittences, si bien que l'acuité auditive et visuelle peut redevenir normale. Malgré cette similitude des symptômes oculaires et auriculaires dans le mal de Bright, nous ne pouvons conclure d'une façon absolue à une similitude des lésions anatomiques, vu l'absence des examens nécroscopiques; toutefois, il nous paraît logique de supposer des altérations similaires, une dégénérescence amyloïde des vaisseaux de la rétine et de la lame membraneuse, du labyrinthe pouvant amener des hémorrhagies subites dans ces parties fondamentales des deux organes.

Dans le glaucome simple l'ensemble des phénomènes diffère; l'évolution des symptômes caractéristiques se fait lentement; la diminution du champ visuel, localisée à la partie interne, peut s'étendre, au point d'amener une cécité complète, par le fait même de la marche progressive de la maladie ou de l'apparition d'accidents aigus.

Dans les cas de pression lente du liquide labyrinthique, les phénomènes observés présentent moins de soudaineté et d'intensité; les bourdonnements, la surdité suivent une marche progressive pour aboutir à une perte complète de l'ouïe qui peut, il est vrai, être aussi déterminée par l'apparition d'un raptus hémorrhagique. Cette exagération subite de sa tension endo-labyrinthique dans le glaucome auriculaire simple s'observe surtout dans certaines otites chroniques, lorsqu'une congestion passagère de la tête amène une fluxion dans les nombreux capillaires de la lame membraneuse du labyrinthe.

Enfin, nous devons faire remarquer que si dans le glaucome il y a une localisation des scotomes à la partie interne de l'œil ; dans le glaucome auriculaire, on observe aussi une surdité pour certains groupes de sons musicaux.

Au point de vue de la tension endo-oculaire, la sclérotique joue le même rôle modérateur que la fenêtre ronde pour la tension intra-labyrinthique. Ce fait nous explique pourquoi l'élasticité de la sclérotique chez les enfants et les adolescents empêche la production fréquente du glaucome; comment cette affection, quand elle existe, ne présente pas d'excavation, ni d'atrophie papillaire; comment l'élasticité de la fenêtre ronde dans l'enfance atténue l'intensité des accidents vertigineux et des sensations subjectives de l'ouïe qui sont caractéristiques de la maladie de Ménière chez l'adulte.

Nous retrouverons la même analogie dans le traitement des deux affections. S'agit-il d'une exagération de pression d'origine inflammatoire, les déplétions sanguines, les dérivatifs intestinaux sont conseillés; est-elle liée à une congestion d'origine nerveuse, les toniques vaso-moteurs, ésérine, quinine, sont employés avec le même succès. Est-il question dans les deux cas d'un glaucome simple, la paracentèse du tympan ou de la cornée, la section de l'iris ou du muscle tenseur tympanique, sont les opérations ordinairement employées dans le but de déterminer une diminution de la tension des liquides de l'oreille interne et de l'œil.

Observation XIX (Obs. de Knap, résumée).

Coïncidence d'otite interne et irido-choroïdite.

Madame S.... 42 ans. Elle souffrait, en mai 1870, d'attaques de céphalalgie, nausées, vomissements et vertiges. Tous les objets semblaient vaciller autour d'elle, son médecin lui ordonne des applications d'eau froide sur la tête. En juillet elle eut une angine, en tout une éruption papuleuse sur tout le corps. Le 23 décembre 1858, elle éprouve tout à coup une céphalalgie violente, du vertige, des nausées, sans vomissements; bourdonnements intenses suivis d'une diminution rapide de l'ouië. Elle ne pouvait rester debout. Lorsqu'elle était couchée sur le côté, le lit, la chambre semblaient tourner d'un côté à l'autre. Lorsqu'elle était couchée sur le dos sa chambre paraissait se mouvoir de haut en bas. A chaque tentative de se lever elle était tellement prise de vertige qu'elle tombait en bas, parfois en avant, quelquefois sur le côté sans tendance à tomber vers une direction déterminée; surdité à peu près absolue. Le 12 janvier 1831, augmentation de céphalalgie et de vertige. Tous les objets autour d'elle paraissent être ensevelis comme dans un épais nuage. Cette malade éprouvait des accidents analogues du côté de la vue. Il y avait de la photopsie.

C'est dans cet état que le malade entre le 18 janvier 1871 à l'institut ophthalmologique de New-York.

L'examen ophthalmoscopique permet de constater une irido-choroïdite avec exsudation séro-albumineuse abondante. C'est par analogie que Knapp se crut autorisé à diagnostiquer les lésions inflammatoires analogues de l'oreille interne (hypérémie et hydropisie).

Traitement mixte : amélioration et guérison le 22 avril 1871.

ANATOMIE PATHOLOGIQUE

L'absence presque complète des examens nécroscopiques nous dispensera de nous occuper longuement de l'anatomie pathologique du glaucome auriculaire. L'augmentation de la tension intra-labyrinthique peut être augmentée par différents épanchements. Dans quatre cas, suivis d'examens nécroscopiques, le labyrinthe était rempli de sang coagulé et les parties membraneuses de l'oreille interne étaient tuméfiées et ramollies.

L'épanchement de pus dans le labyrinthe est un fait très-rare, mais qui a été signalé par Moos dans ces derniers temps. Dans la fièvre typhoïde, cet auteur a constaté une infiltration de cellules lymphatiques des parties molles de l'oreille interne, et cette néoformation lymphatique peut donner lieu à une fonte purulente. A la suite d'une scarlatine Moos a signalé la présence du pus dans la cavité labyrinthique, l'adhérence des parties membraneuses à l'os, la disparition de la couche épithéliale des ampoules et des canaux demi-circulaires. Des lésions analogues peuvent être observées dans la variole.

TRAITEMENT

Pour lutter contre l'exagération de la pression intra-labyrinthique, on peut recourir à divers moyens que nous diviserons en moyens chirurgicaux et moyens médicaux.

Moyens chirurgicaux.

Ces moyens varient nécessairement suivant la cause qui a produit l'exagération de pression intra-labyrinthique. Si un corps étranger ou un bouchon de cérumen compriment la membrane du tympan, il suffira d'une injection pour faire disparaître l'excès de pression et les phénomènes subjectifs qui en dépendent. Néanmoins, il faut remarquer que certains corps étrangers, logés dans le sinus formé par la paroi inférieure du conduit auditif externe et le tympan ne sauraient être enlevés autrement que par l'emploi d'une pince spéciale.

Dans l'otite aiguë ou chronique, le cathétérisme de la trompe, et l'envoi dans la caisse de vapeurs médicamenteuses amèneront une modification de la muqueuse tympanique, empêcheront les adhérences du tympan ; mais il ne faut trop compter rendre à la membrane son élasticité primitive.

Dans l'obstruction de la trompe, l'indication absolue est de rétablir la perméabilité de ce conduit, soit en guérissant le catarrhe naso-pharyngien, souvent cause première de l'oblitération, soit en conseillant au malade de faire les procédés de Politzer ou Valsava, soit en pratiquant le cathétérisme du conduit obturé. Si l'oblitération existe au niveau de l'union de la portion osseuse et cartilagineuse, point le plus rétréci du canal, le cathétérisme avec des mandrins peu flexibles peut amener des fausses routes, et même la blessure de l'artère carotide qui précisément se trouve en rapport avec le point de jonction de la partie membraneuse et de la partie osseuse du conduit. M. Pravaz a préconisé dans les affections de la trompe d'Eustache, l'emploi de l'air comprimé et a vanté les bons effets de cette méthode d'aérothérapie. Nous devons faire quelques réserves sur l'efficacité de ce traitement ; nous ne nions pas que dans certaines obstructions catarrhales de la trompe les mouvements de déglutition fréquents déterminés par la compression de l'air, puissent enlever le bouchon de mucus obturant le méat pharyngien du canal d'Eustache ; mais nous devons faire remarquer que dans les obstructions complètes ou cicatricielles, le séjour dans l'air comprimé peut amener des désordres graves tels que la rupture du tympan.

Nous avons vu que l'inflammation aiguë de la caisse se termine le plus souvent par la suppuration, et que les produits sécrétés s'accumulent au fond de la cavité tympanique et déterminent une compression de la fenêtre ronde. Or, en débouchant le canal qui fait communiquer la caisse du tympan avec le pharynx, on peut, dit de Troeltsch, donner issue aux mucosités par cette voie, mais il est bon de se rappeler que l'orifice tympanique de la trompe d'Eustache est situé au-dessus de la fenêtre ronde, et que la perméabilité du conduit est souvent diminuée par une inflammation concomitante.

C'est pour obvier à cette difficulté qu'on a proposé de dilater la trompe à l'aide de petites bougies flexibles, et d'apirer les mucosités de la caisse. Mais comme nous l'avons vu plus haut, l'emploi des mandrins demande une grande prudence, car la moindre déchirure, ou fausse route peut déterminer un emphysème qui pour n'être pas grave dans la majorité des cas, peut déterminer la mort comme Turnsbull de Londres, en a rapporté deux exemples.

Lorsqu'on ne peut évacuer les liquides épanchés par la voie naturelle de la trompe d'Eustache, il faut avoir recours à la ponction de la membrane du tympan. Il est difficile de méconnaître la nécessité de la paracentèse du tympan surtout chez les enfants, car les produits sécrétés peuvent pénétrer dans l'oreille interne, et de là, dans les espaces sous-arachnoïdiens, ou, suivant une autre voie, perforer la paroi supérieure de la caisse et provoquer une méningite aiguë, ou bien enfin amener une perte irrémédiable de cette membrane. Au contraire la paracentèse du tympan, en débridant en quelque sorte, l'abcès contenu dans la caisse, supprime les douleurs atroces qu'il occasionne, diminue les dangers de mort et tend à conserver l'ouïe. Dans l'otite chronique avec épanchement abondant dans la caisse du tympan ; l'indication de la myringodectomie est aussi justifiée que l'incision de la peau d'un abcès.

L'indication de la myringodectomie dans l'otite sèche, est moins précise; aussi l'intervention chirurgicale a-t-elle été diversement appréciée par les auteurs. Conseillée d'abord par Riolan, Cheselden, la myringodectomie fut pratiquée en France par Itard, et en Angleterre par Astley-Cowper. A mesure que les progrès de l'anatomie pathologique firent mieux les lésions de l'otite chronique, les auteurs français et étrangers tentèrent plus fréquemment cette opération. Dans ces derniers temps, M. Miot a, dans une récente monographie, fixé d'une manière plus précise les indications et les contre-indications de la myringodectomie. Dans l'otite sèche la myringodectomie étant faite dans le but de diminuer la pression intra-labyrinthique, il est indispensable de rechercher les conditions dans lesquelles cette opération peut amener un résultat appréciable. Or, d'après M. Miot, cette opération est généralement contre-indiquée dans la paralysie avancée du nerf auditif, dans l'ankylose de l'étrier, dans l'atrophie et les adhérences du tympan. Avant d'intervenir d'une façon active, le chirurgien doit donc s'assurer de l'état des fenêtres ronde et ovale, par les moyens d'exploration malheureusement assez limités, voir les modifications survenues dans les mouvements de la membrane du tympan, par l'application du spéculum pneumatique, et rechercher avec la plus grande précision possible la perception crânienne, la portée auditive en se servant de la montre, de la parole, de l'otoscope à trois branches, et du diapason. M. Miot cite quelques cas d'otite sèche avec paralysie peu avancée du nerf auditif, dans lesquels une amélioration de l'ouïe fut manifestement constatée après la myringodectomie, et il conclut de ces faits qu'un certain degré de la paralysie du nerf auditif, consécutif à une sclérose de la caisse, n'entraîne pas une contre-indication absolue de la perforation du tympan. Nous n'avons pas à décrire ici les différents procédés de perforation du tympan. Que l'on emploie le bistouri, l'emporte-pièce ou les caustiques, peu importe, si on arrive à diminuer la pression intra-labyrinthique. Mais, il faut le dire, les plaies chirurgicales du tympan se cicatrisent avec une facilité désespérante et les observations de perforation artificielle permanente sont des faits absolument exceptionnels.

Lorsque la myringodectomie n'a pas produit de résultat, ou que les phénomènes persistants présentés par le malade sont manifestement dus à une pression exagérée du liquide labyrinthique, produite par une rétraction du tendon réfléchi du muscle tenseur du tympan, la ténotomie de ce muscle a été conseillée par certains auteurs. M. Miot cite des observations de malades ayant obtenu une amélioration de l'ouïe après cette opération.

Mais avant de pratiquer la ténotomie du muscle tenseur du tympan, il est indispensable d'avoir reconnu l'état d'intégrité des fenêtres ronde et ovale ; car, si la platine de l'étrier était maintenue par des adhérences à la fenêtre ovale, l'opération serait absolument contre-indiquée.

Nous devons citer, à titre de traitement palliatif, certains moyens qui ont été tentés pour lutter contre la tension exagérée du tympan. L'aspiration de l'air du conduit auditif externe à l'aide du spéculum pneumatique a pu faire disparaître certains bourdonnements, et procurer au malade un sentiment de bien-être. Nous devons signaler aussi, sans trop y attacher d'importance, ce moyen employé par Politzer, et consistant à introduire dans le conduit auditif externe une boulette de coton préalablement pétrie dans la graisse de façon à raréfier l'air compris entre le tympan et ce corps étranger, et produire par suite une aspiration du tympan au dehors.

Moyens médicaux.

Si l'excès de pression labyrinthique est dû à un trouble circulatoire, on peut combattre les phénomènes congestifs de l'oreille interne, par certains médicaments toniques vaso-moteurs, quinine, bromure de potassium, etc.

Les expériences de M. Peton sur l'ergot de seigle nous permettent de supposer que les injections d'ergotine en arrière de l'oreille pourraient avoir une efficacité réelle dans la congestion de l'oreille interne. Les phénomènes liés à une congestion de l'oreille interne peuvent aussi être améliorés par l'emploi des dérivatifs intestinaux, l'application au-devant du tragus de la ventouse Heurteloup ou de sangsues. C'est dans ces cas que Triquet a conseillé la compression de l'artère auriculaire, et même la ligature de ce vaisseau.

Les malades sujets à ces congestions de l'oreille interne doivent se garder de ce qui peut exciter l'activité des systèmes nerveux et vasculaire, suspendre l'usage des substances alcooliques, éviter les températures élevées, les émotions violentes, en un mot, toutes les causes susceptibles de congestionner la tête.

Mais lorsqu'une compression lente du liquide labyrinthique a produit une atrophie des terminaisons du nerf auditif, l'emploi de la strychnine, de l'électricité, de l'iodure de potassium, peut être conseillé, mais il faut bien reconnaître que la dysécée causée par l'excès prolongé de pression du liquide de Cotugno, présente souvent une incurabilité analogue à celle de la cécité due à l'atrophie de la papille dans le glaucome.

Diminution de pression intra-labyrinthique.

Nous nous sommes proposé d'étudier presque exclusivement l'augmentation de pression intra-labyrinthique ; nous ne voulons donc pas insister sur cette dernière partie de notre travail.

Tandis que la tension exagérée du tympan exerce une compression du liquide labyrinthique et provoque l'apparition des phénomènes subjectifs, sur lesquels nous avons longuement insisté, un relachement de la membrane tympanique est loin d'avoir une influence aussi directe sur l'état statique des liquides de l'oreille interne. Ce défaut de corrélation de la tension tympanique et labyrinthique peut être expliqué par la disposition des surfaces articulaires de l'enclume et du manche du marteau, qui permet, comme le remarque Helmotz, à ce dernier osselet de se porter en dehors sans entraîner le premier. « Cette disposition, dit Helmotz, présente avant tout le grand avantage que l'étrier ne peut être arraché de la fenêtre ovale quand la densité de l'air s'accroît notablement dans la caisse. »

Il resterait à démontrer par des expériences manométriques l'influence sur l'état statique de la pression intra-labyrinthique, de certaines causes qui, comme la paralysie du muscle interne du marteau, les ascensions aérostatiques, le procédé de Politzer, amènent un défaut de tension de la membrane tympanique.

RÉSUMÉ.

Le liquide labyrinthique, par ce fait même qu'il est renfermé dans une cavité close, exerce une pression sur les parois qui l'entourent.

A l'une des extrémités du canal osseux recourbé, constituant le labyrinthe, la platine de l'étrier comprime le liquide de Cotugno, qui, étant incompressible, trouve un lieu de dégagement dans l'orifice du canal obturé par une membrane flexible, véritable régulateur de la tension intra-labyrinthique : la fenêtre ronde.

La tension normale intra-labyrinthique, égale à la pression atmosphérique, varie dans certaines limites physiologiques et pathologiques.

Pendant la déglutition et pendant l'accommodation de l'appareil auditif, la tension intra-labyrinthique résulte de l'antagonisme des agents compresseurs ou décompresseurs des liquides de l'oreille interne.

Au moment de la déglutition, la tension intra-labyrinthique, d'abord augmentée par l'aspiration du tympan vers la partie interne de la caisse, redevient ensuite normale par le redressement secondaire de la cloison tympanique. Dans le phénomène de l'accommodation de l'appareil auditif, la prédominance du muscle interne du marteau, tenseur du tympan et du liquide labyrinthique, est combattue par l'action opposée du muscle de l'étrier. On peut dire que pendant les deux phénomènes physiologiques précédents deux puissances musculaires, muscles apériteurs de la trompe d'Eustache et muscle interne du marteau, augmentent par leur contraction la tension intra-labyrinthique, tandis que le muscle de l'étrier et deux membranes fibreuses élastiques luttent contre l'action excessive des deux premiers agents de compression du liquide labyrinthique.

La rupture de l'équilibre entre ces deux forces opposées amène fatalement une modification dans la pression intra-labyrinthique. Supposons une sclérose de la fenêtre ronde, ou une compression de cette membrane par une lésion pathologique de la caisse, supposons une perte de l'élasticité du tympan, ou une paralysie du muscle de l'étrier, alors la cloison tympanique pourra être attirée vers la paroi labyrinthique, soit par un mouvement de déglutition, soit par un bouchon cérumineux, soit par une rétraction du muscle interne du marteau, qui exercera sur le liquide de Cotugno une pression d'autant plus grande que la membrane tympanique secondaire aura plus perdu de son extensibilité.

Le rapport existant à l'état physiologique entre la tension des vaisseaux de l'oreille interne, et celle du liquide de Cotuguo, peut être détruit soit par un trouble circulatoire général, soit par une lésion du grand sympathique ou du trijumeau produisant, dans la cavité close du labyrinthe, une congestion ou des troubles trophiques susceptibles d'exagérer la pression intra-labyrinthique.

Qu'il provienne d'une maladie de l'appareil de réception ou de transmission des ondes sonores, qu'il soit dû à un épanchement dans la cavité labyrinthique, ou à un enfoncement de l'étrier dans la fenêtre ovale, l'excès de la tension intra-labyrinthique produit des troubles auditifs : bourdonnements, surdité ou des troubles réflexes : vertige, titubation, etc., en un mot, divers symptômes qui présentent des différences considérables dans leur fréquence, leur mode de développement et leur évolution.

L'étude comparative des causes, des symptômes de l'exagération de la tension endooculaire et endolabyrinthique, permet de constater une analogie entre les deux affections de l'œil et de l'oreille.

De même que le glaucome simple peut dégénérer en glaucome hémorrhagique, de même l'exagération de la pression intra-labyrinthique produite lentement par un refoulement de la platine de l'étrier ou par toute autre cause, peut être accrue par un épanchement sanguin qui transforme le glaucome auriculaire simple en glaucome auriculaire aigu, ou mal de Ménière.

Le traitement du glaucome auriculaire est basé sur la pathogénie de cette affection. Suivant que la cause de la compression du liquide labyrinthique aura son origine dans l'oreille interne, ou l'appareil de transmission des ondes, on pourra recourir aux moyens médicaux ou chirurgicaux que nous avons signalés plus haut.

Au sujet de la diminution de pression intra-labyrinthique, qui peut être produite par la paralysie du muscle interne du marteau, ou la prédominance de son antagoniste, le muscle de l'étrier, etc., nous ferons seulement remarquer qu'il n'existe pas une corrélation complète entre le degré de tension des liquides de l'oreille interne et du tympan, vu qu'une disposition particulière de l'articulation de l'enclume et du marteau permet à ce dernier de pousser au dehors la cloison tympanique, sans entraîner avec elle la branche stapédienne et la platine de l'étrier, et, partant, sans décomprimer le liquide de Cotugno.

INDEX BIBLIOGRAPHIQUE.

BÉCLARD. — Traité de physiologie.

MATHIAS DUVAL. — Dictionnaire de médecine et de chirurgie pratiques (article Ouïe).

TILLAUX. — Anatomie topographique.

GELLÉ. — Tribune médicale, de 1874 à 1878.

GAVARRET. — Traité de la phonation et de l'audition.

GRUDER. — Annales des maladies du larynx et de l'oreille (1877-1878).

DE TROELSTEH. — Traité des maladies des oreilles.

TOYNBEE. — Traité des maladies des oreilles.

MÉNIÈRE. — Mémoires à l'Académie de médecine sur les lésions de l'oreille interne donnant lieu à des symptômes de congestion cérébrale apoplectique.

FLOURENS. — Recherches expérimentales sur les propriétés et les fonctions du système nerveux. Paris, 1842.

DUPLAY. — Traité de pathologie externe Follin-Duplay, t. IV.

VOURY. — Mal de Ménière, 1854.

BONENFANT. — Séméiologie du vertige dans les affections d'oreille.

MIOT. — De la myringodectomie, 1877.

CYON. — Etude sur les canaux demi-circulaires, 1878.

PANAS. — Leçons sur les maladies des yeux. Paris, 1878.

PAUL BERT. — Etude sur la pression atmosphérique.

COYNE. — Anatomie de l'oreille interne.

DESTANCHE. — Du bourdonnement d'oreille.

QUESTIONS

SUR LES DIVERSES BRANCHES DES SCIENCES MÉDICALES.

Anatomie et histologie normales. — Appareil de la digestion.

Physiologie. — De l'effort.

Physique. — Induction par les courants. — Appareils employés en médecine.

Chimie. — Préparation et propriétés des sulfures de potassium, de fer, d'antimoine, de mercure.

Histoire naturelle. — Des inflorescences. — Comment les divise-t-on? — Quelle est leur valeur pour la détermination des genres et des espèces?

Pathologie externe. — Des abcès du cou et de leur traitement.

Pathologie interne. — De l'hypertrophie du cœur. — Du rôle des nerfs vaso-moteurs dans les maladies.

Anatomie et histologie pathologiques. — De la phlébite.

Thérapeutique. — De la médication altérante et de ses principaux agents.

Hygiène. — De l'encombrement.

Médecine légale. — Rigidité cadavérique. — Phénomènes de la putréfaction modifiés suivant les milieux, le genre de mort, l'âge et les diverses circonstances.

Accouchements. — De l'accouchement par le pelvis.

Vu : Le président de la Thèse, BECLARD.

Vu et permis d'emprimer, Le vice-recteur de l'Académie de Paris, A. MOURIER.

www.ingramcontent.com/pod-product-compliance
Ingram Content Group UK Ltd.
Pitfield, Milton Keynes, MK11 3LW, UK
UKHW020400230726
13925UKWH00003B/1202